Titom
ÉDITIONS

CŒUR DE BOIS

JURA
Voyage au Pays des jouets

PHOTOS Didier Lacroix
TEXTES Frédéric Chevalier

Conception & réalisation
STUDIO GRAPHIQUE PLÉNAT

MADE IN JURA FRANCE

AVANT-PROPOS

Dire qu'il est solide, qu'il est dur, qu'il ne se détraque pas, certes. Qu'il est naïf, aux formes souvent simples, sûrement. Qu'il s'attache moins à singer la réalité que son frère de plastique et que paradoxalement il en éveille d'autant plus l'imagination de l'enfant, c'est indéniable. Et pourtant ce n'est pas toutes ses belles et rationnelles qualités qui expliquent l'attirance, quasi universelle, que le jouet en bois suscite en chacun de nous. Non, ce n'est point cette liste de vertus qui nous fait désirer l'objet de bois. Pas plus que l'absence d'angle trop vif nous fait rechercher le contact de sa chaude matière. Ce jouet fascine petits et grands car à l'opposé de ceux fabriqués grâce au métal, et à la chimie du pétrole, celui-ci naît du vivant. Pour preuve, le bois respire, est riche de veines colorées. Il n'est pas rare, non plus, qu'il boive et se nourrisse de quelques teintures et autres peintures. N'est-ce pas là le vocabulaire qui sied à un être de chair ? Le jouet en bois est fait d'une substance éminemment familière et poétique. Il nous met en continuité avec la forêt qui depuis la nuit des temps est le berceau des contes et des légendes, de la féerie et des êtres fabuleux. Une magie qui est des plus à l'aise en terre jurassienne où les vouivres côtoient de multiples diables et autres dames blanches. Pas surprenant donc que dans notre Jura des jouets en bois naissent des mains d'habiles tourneurs depuis le XIIe siècle !

Qui veut conter l'histoire de la tournerie jurassienne sera sans aucun doute tenté de commencer par "il était une fois...", tant il est vrai que cette épopée use souvent des fables et autres croyances populaires pour évoquer sa genèse. Dès lors, quoi de plus évident que de choisir d'emprunter les chemins légers de l'enfance, du rêve et de la magie pour inviter le lecteur à découvrir, au fil des pages, l'univers riche et varié des jouets jurassiens. En narrant les aventures colorées de deux poupées de bois et de tissu, ce livre aborde de manière ludique l'ensemble des familles de jouets développées encore aujourd'hui dans le Jura. Ce conte initiatique, miroir du passage de l'enfance à l'âge adulte, met également en scène ce fier territoire de montagne recouvert de forêt, berceau de la tournerie, et dont le cœur en est la ville de Moirans-en-Montagne, capitale du jouet. Ce paysage accidenté aux eaux vives a fait tout autant pour le développement du jouet jurassien que ces tourneurs dont le talent à créer du rêve naît de traditions fortes et d'un amour sincère pour le bois. Ces gens vrais, parfois plus artistes qu'artisans, qui répètent des gestes séculaires sont l'autre raison qui nous rend d'emblée sensibles au jouet en bois. Rien de comparable avec ces jeux en plastique thermoformés produits à la chaîne par des robots !

Entre les différents chapitres du conte, le livre parcourt ainsi l'histoire de ces pères Noël jurassiens, visite le musée du jouet, explore les techniques de la tournerie et de la tabletterie, s'intéresse au laquage, à la sérigraphie et à tout ce qui fait le savoir-faire "made in Jura".

Les photographies de Didier Lacroix sont tour à tour envoûtantes quand elles choisissent d'habiller le conte de leur douce lumière, et précises lorsqu'elles sculptent les gestes experts des mains des tourneurs. Fruits d'une mise en scène et de cadrages savamment orchestrés, les jouets semblent si pleins de vie, qu'à approcher ses oreilles des pages, nous nous surprenons à entendre battre leur "cœur de bois"...

Frédéric Chevalier

SOMMAIRE

Seuls...

Bien loin de l'habituelle cacophonie du matin, un silence pesant règne sur la chambre de Tom. Câlin, l'une des deux poupées de bois préférées du petit garçon, se réveille soudain, inquiet. Assis sur le lit, il sent l'angoisse monter en lui.
Un étrange pressentiment lui noue l'estomac, comme si...
– Aaaah !
Câlin fait un bond violent en arrière et se cogne à la tête de lit. Instinctivement, il passe une main au-dessus de sa nuque pour évaluer les dégâts. Quelle peur ! Heureusement, il a la tête dure... Mais qu'est-ce que c'était ? Levant les yeux, il reconnaît aussitôt la frimousse de bois de la petite Lou. Pris dans ses pensées, il ne l'a pas entendue approcher. C'est pourquoi il a si brutalement sursauté quand les six couettes de laine jaune paille de sa sœurette sont venues chatouiller son visage... À genoux, face à lui, le regard plongé dans le sien, Lou semble gagnée par la peur.
– Dis Câlin, pourquoi Tom n'est pas avec nous ?

" Lou semble gagnée par la peur..."

" Un silence pesant règne..."

" Le vieux bilboquet droit comme un i..."

Câlin n'a pas le temps d'ouvrir la bouche que déjà Bob, le vieux bilboquet, quitte le bureau pour le lit en leur lançant :
– Aban-*hoc*-donné, il vous a laissé *hoc* tomber, par-*hoc*-ti, je vous dis !
Chaque fois qu'il se laisse gagner par ses émotions, le vieux Bob a tendance à sautiller sur place. Ce qui a pour fâcheuse conséquence de lui faire perdre régulièrement la tête. Celle-ci s'envole haut, très haut, puis retombe à grande vitesse sur son cou pointu. Les mots de Bob sont alors bizarrement coupés, hachés, comme s'il avait le hoquet. D'ordinaire cela fait beaucoup rire Lou, mais pas cette fois.
– Menteur ! Ce n'est pas vrai, Tom ne peut pas être parti sans nous. Dis lui Câlin !
– Elle a raison, tu te trompes Bob. Moi, je ne vois qu'une seule explication, il est arrivé malheur à Tom... Lou, prépare-toi, nous allons partir à sa recherche !
Essuyant les dernières larmes qui tracent encore leur chemin de tristesse parmi les veines ambrées de sa jolie frimousse de bois, Lou saute du lit à la suite de son frère.
– C'est fo-*hoc*-lie, de vou-*hoc*-loir quitter ses *hoc* lieux. Dehors, ce n'est *hoc* pas un monde pour les jou-*hoc*-ets !
Bob a beau s'agiter, rien n'y fait. Intrépides et décidées, nos deux poupées de bois sont déjà à quatre pattes sous le lit.
Tout colère de ne pas être écouté, le vieux bilboquet, droit comme un I, ponctue ses dernières paroles d'un saut rageur. Sa tête décolle aussitôt. Elle file, grimpe, vole à des hauteurs jamais atteintes. Le plafond est proche quand, subitement, la corde reliée à son corps stoppe d'un coup sec cette course folle vers la gloire.
Frustrée de se voir ainsi privée d'une inscription certaine dans le Guinness Book des records, catégorie tête en l'air, la boule de bois décide de ne pas venir se raccrocher au vieux Bob. Elle poursuit sa chute vers le sol entraînant avec elle le malheureux bilboquet. Sonore et violent, son atterrissage forcé sur le parquet lui fait perdre aussitôt connaissance. Gageons qu'une belle bosse l'attend au réveil...
De leur côté, Lou et Câlin franchissent le passage secret caché sous le lit. Passé la trappe, ils se retrouvent dans une sorte de puits, si profond qu'il pourrait bien être sans fond.
Ils tombent mais leur descente se fait étonnamment au ralenti, un peu comme s'ils flottaient. Sensation des plus délicieuses et prodige au combien utile, au vu de la centaine de mètres de chute libre qui les sépare encore du sol. C'est tout en douceur que leurs petits pieds de bois se posent enfin. L'endroit est très sombre. Mais s'habituant peu à peu à l'obscurité, ils distinguent une petite porte sur leur droite. Ils hésitent un court instant, puis tournent la poignée et s'engagent au-dehors...

" Lou et Câlin franchissent le passage secret..."

Jura vers 1930 - MUSÉE DU JOUET

Le Bilboquet

Apparu en France au XVIe siècle, le bilboquet provient probablement d'un jeu beaucoup plus ancien, le pique-balle. Ce dernier remonterait aux époques carthaginoises, romaines ou même crétoises. Des fouilles récentes indiquent que les Mayas pratiquaient un jeu comparable mais avec des crânes humains.

Figurant parmi les objets de Gargantua, son nom vient de bille, impératif de "biller", jouer à la bille, et de "bouquet", diminutif de bouc et dérivant de "bouquer", c'est-à-dire encorner comme le fait un bouc. Henri III aimait beaucoup y jouer durant ses promenades, entouré de ses mignons. Grâce à lui il devient à la mode dès 1585.

Ce jeu d'adresse, aujourd'hui se pratique un peu partout dans le monde, y compris chez les Inuits qui les façonnent depuis toujours avec des os de morses.

Le Yoyo

Le yoyo est considéré comme l'un des jouets les plus anciens du monde après la toupie. Il semblerait qu'il provienne de Chine ou des Philippines où il était utilisé comme une arme. Il était connu en Grèce il y a plus de deux mille ans. À la fin du XVIIIe siècle, les Britanniques l'appellent le bandalore. Apporté en France par les émigrés de la Révolution, il est surnommé émigrette.
Le nom yoyo est déposé en 1930 par un Américain, Donald Duncan, qui le commercialise à grande échelle, vendant jusqu'à 35 000 jouets par jour.
La passion du yoyo connaît son apogée vers 1962. En 1999, une société japonaise lui donne une nouvelle jeunesse grâce à une campagne de marketing ciblant les adolescents : distribution gratuite, formations de pros, organisation de concours...

Bicolore Jura vers 1940 - Buis France début XXe - MUSÉE DU JOUET

DE L'EAU ET BEAUCOUP D'ESSENCES

L'histoire du jouet jurassien, c'est un petit territoire de montagne entre 400 et 700 mètres d'altitude. Un triangle d'or délimité par trois villes. Saint-Claude au nord, connue dans le monde entier pour ses pipes. Oyonnax au sud, autrefois cité du peigne, une tradition remontant au Néolithique, aujourd'hui ville du plastique. Moirans-en-Montagne à l'ouest, reine de la tournerie puis capitale du jouet.
Cette zone géographique est plus accidentée que le reste du département. Peu fertile, elle héberge des rivières capricieuses et de hautes chaînes recouvertes de sombres épicéas. Et pourtant c'est bien ici que se sont transmis de siècle en siècle, génération après génération, les secrets du tournage du bois. Un paradoxe ? Non, une région qui a su faire de ses faiblesses une richesse.
La forêt tout d'abord, bien qu'abondante, elle n'a pas la grandeur des "pessières" du Haut-Jura. Nous sommes loin des nobles essences qui servent à la boissellerie ou à la layetterie. Ici, le bois est en quelque sorte un roturier. Mais il comble son manque de majesté par une vraie exubérance en espèces. Une profusion qui assure durablement à la tournerie une place de premier plan dans la région.

Massif du Risoux

Forêt de Bonlieu

Buis

Aulne

Hêtre

Frêne

Sapin

Les artisans utilisent d'abord le buis. Il faut dire qu'il est du genre prolifique, poussant partout, foisonnant sur les moindres pentes. Avec le temps, il vient toutefois à manquer, il faut alors se tourner vers d'autres stars locales : l'aulne, l'orme, le sureau, le houx, le frêne, le noyer, l'érable, le cerisier, le hêtre, le tilleul ou encore l'épicéa. C'est cette abondance en différentes essences qui permet de produire autant d'objets artisanaux particuliers.

L'autre sœur du succès de la tournerie puis du jouet, dans notre triangle d'or, est sans conteste l'eau. Dans ce coin du Jura, elle est omniprésente. En pluie, sous forme de neige, façonnant les vallées de ses torrents, cascades et ruisseaux, partout elle impose sa loi. La reine de ce monde aqueux se nomme la Bienne. Cette rivière qui naît sur les hauteurs de Morez apporte son secours pour manœuvrer les tours. Une aide des plus capricieuses cependant. Ainsi, quand madame est dans un bon jour, ses eaux enflent de plaisir. Tout tourne alors. Mais si l'humeur n'y est pas, c'est un mince filet qu'elle offre aux moulins de ces tourneurs du début du XIXe siècle. Dès lors les machines s'arrêtent et l'on chôme jusqu'à ce que la diva redevienne généreuse. Cela prend parfois la forme d'un orage qui éclate à deux heures du matin, et c'est alors une longue nuit de travail qui attend l'artisan !

La Bienne, mais aussi l'Ain, l'autre seigneur de la région, ainsi que tous les ruisseaux qui traversent des dizaines de petits villages, permettent l'installation d'un nombre très important de moulins. Actionnant les premiers tours des artisans tourneurs, puis plus tard générant l'électricité, enfin favorisant l'installation des premières usines, cette eau vive et abondante a donné aux gens d'ici une formidable avance sur les autres régions. Ils utilisent déjà l'énergie hydraulique quand ailleurs les artisans entraînent leur tour à la seule force de leurs pieds.

Tournerie Bernard LORGE

Cascade de la Quinquenouille - ARINTHOD

Un sapin qui aiguille...

Sous leurs pieds, un tapis d'aiguilles brunâtres libère une odeur légèrement piquante qui vient taquiner leurs narines. Du haut de leurs 32 centimètres, le paysage ressemble à un vaste champ peuplé d'insolites mâts marron clair, garnis de petites protubérances qui leur donnent un air mal rasé. Mais dès qu'ils lèvent la tête, les bâtons de bois, qui ne sont pas autre chose que des troncs, disparaissent sous d'immenses chapeaux pointus d'un vert intense. Devant cet imposant décor, Lou et Câlin laissent échapper des "ohhh" admiratifs qui s'envolent jusqu'aux plus hautes cimes.

– Qui ose ainsi troubler ma sieste ? tonne une voix si forte qu'elle fait trembler le sol et tous les arbres alentour.

Après s'être trémoussés en tous sens pour se débarrasser des milliers d'aiguilles de pins, qui à cause de la secousse les ont presque totalement recouverts, les poupées cherchent des yeux à qui peut bien appartenir une si terrifiante voix. C'est Lou la plus rapide à repérer l'auteur de ces paroles sismiques. D'une main tremblante elle indique à son frère où regarder. Face à eux se dresse un arbre aux dimensions tout à fait impressionnantes. Un tronc de presque 1,50 mètre offre au géant l'assise nécessaire pour porter ses plus hautes branches à près de 50 mètres de hauteur. Mais ce qui ajoute encore à sa majesté c'est, sans conteste, son incommensurable écharpe tricolore qu'il porte avec une fierté non dissimulée.

Forêt du Massacre

"Sous leurs pieds, un tapis d'aiguilles..."

Sapin Président - Forêt de la Joux

– Je suis Joubert, le sapin président. Vous êtes ici, chez moi, dans la forêt de La Joux. Qui êtes-vous et qu'êtes-vous venus chercher en ces lieux ? souffle le vieil arbre.
– Voici ma sœur, Lou, et moi c'est Câlin, nous sommes à la recherche de notre ami Tom qui a disparu. L'avez-vous vu ?
– Est-il lui aussi un jouet ou est-ce un arbre comme moi ?
– Ni l'un ni l'autre, c'est un petit garçon, hurle aussi fort qu'il le peut Câlin, espérant que sa voix parvienne jusqu'aux oreilles du colossal maître de la forêt.
Rien ne ressemble moins à une forêt que cet endroit, se dit Lou. Les prétendus arbres d'ici sont si différents de ceux qui poussent dans le jardin de Tom. Ni feuilles ni fruits, pas de doute, on lui joue une mauvaise farce...
– Dites monsieur, pourquoi prétendez-vous que vous êtes un arbre alors que vous n'avez pas de feuilles ? lance-t-elle sur un ton espiègle.
Le titanesque sapin part alors d'un rire tonitruant qui non seulement secoue dangereusement sa grande forêt jurassienne, mais ébranle également, de ses multiples ricochets, tous les plateaux environnants.
– Tu as raison petite, je n'ai pas de vraies feuilles, mais je n'en suis pas moins arbre. Bien au contraire ! Ma famille est plus vieille que tous ces feuillus que tu sembles si bien connaître, confie avec une pointe d'orgueil le vert patriarche qui a retrouvé tout son sérieux.
Une de ses tentaculaires branches vient caresser la joue droite de la petite fille de bois.
– Toi et ton frère êtes nés de l'essence d'un arbre semblable à moi, grâce à la magie des hommes. Laissez-moi vous conter l'histoire de ma famille, celle des conifères. C'est aussi en partie la vôtre. Nous autres résineux sommes les pères de tous les arbres, nés plusieurs centaines de millions d'années avant nos cousins les feuillus. À cette époque, seules les fougères géantes offrent assez d'ombre pour s'abriter du soleil... D'aucuns prétendent que c'est Satan en personne qui nous a donné naissance pour protéger ses diablotins du froid grâce à notre feuillage qui jamais ne tombe. L'Église des XVIe et XVIIe siècles nous a faits les complices des sorcières, nous, les amis des fées ! Fadaises nées de la peur et de l'ignorance. En mai, notre pollen forme souvent un brouillard jaune qui s'étend sur toute la forêt. Nos détracteurs d'alors ont cru voir dans ces nuages des émanations soufrées provenant de réunions sataniques... Mais l'homme est connu pour être versatile. Si bien que d'arbre du diable nous devenons bientôt celui de l'Enfant Jésus. Le premier de mes frères sapins à être enguirlandé de la plus belle façon pour Noël, l'est dans la prestigieuse cathédrale de Strasbourg en 1539. À partir de 1870, cette tradition festive de décorer des conifères à Noël se répand à toute l'Europe.
– C'est bien joli tout ça, mais si vous êtes bien un arbre, pourquoi n'avez-vous pas de feuilles ? Insiste Lou qui ne renonce jamais à une question une fois qu'elle l'a posée.
– Détrompe-toi fillette, nous avons des feuilles ! Elles sont juste différentes de celles que tu connais. Longues, fines, rigides et pointues, on les appelle des aiguilles. Recouvertes d'une couche de cire, pour réduire les pertes en eau, elles nous permettent de vivre là où aucun autre arbre ne le pourrait, raconte avec fierté le président des résineux...

Pêche aux canards
Coffret
4 Jeux d'adresse
En bois massif
MEMORY
"La ferme du bonheur"
JANOD
Dominos
5 Dés en buis
JANOD
JANOD

Coffrets de jeux en sapin - JANOD

France vers 1950 - MUSÉE DU JOUET

Le Mikado

Le mikado est sans doute né en Chine. Une description du jeu apparaît dans des écrits bouddhiques du Ve siècle avant notre ère.
À la Renaissance, Rabelais et Montaigne évoquent ce jeu sous le nom de jonchets. À des kilomètres de là, les Pygmées pratiquent un jeu identique.

À l'origine, les bâtonnets étaient sculptés en ivoire et portaient à leurs extrémités des formes aisément identifiables : fourchette, scie, trident, tête d'oiseau ou de cheval.
Les jeux actuels sont le plus souvent fabriqués en bois ou en plastique.

Le Loto

L'inventeur du jeu de loto est l'Italien Benedetto Gentille. Ce dernier aurait tout simplement transformé en jeu le mode de renouvellement des membres du conseil municipal de la ville de Gênes. Son nom découle de l'italien lotto qui signifie lot.
Né au XVIIIe siècle, le jeu gagne la France avec les campagnes de François Ier. Il est alors le divertissement des nobles de presque toutes les cours européennes. En 1776, la création de la Loterie royale (ancêtre de la Loterie nationale) généralise le principe du jeu dans les milieux populaires. Au cours du XIXe siècle se développent de très nombreuses variétés de jeux de loto.
Il devient un allier dans l'éducation des enfants avec la création de cartons historiques, géographiques et grammaticaux.

Atlas (Paris) vers 1940 - MUSÉE DU JOUET

LE TEMPS DU BUIS

Le buis est un bois à part dans le monde de la tournerie. Sous des airs de Quasimodo, tortueux et rabougri, il cache des qualités d'une grande noblesse. Son toucher unique et la finesse de son grain sont en tout point comparables à ceux de l'ivoire. Sa stabilité et sa parfaite résistance aux chocs en font un remarquable équivalent du précieux ébène. Des qualités connues de longue date, puisque déjà durant la préhistoire sa dureté était un critère de choix dans la fabrication d'outils.

En Franche-Comté, le buis est présent partout où la tournerie a su se développer. Abondant, poussant sur la moindre pente exposée, il a donné, durant des siècles, de la noblesse aux objets les plus futiles comme aux plus délicats. De plus, riches d'un bel éclat, d'une chaude couleur jaune et de gracieuses veines irrégulières, les pièces de buis tournées peuvent avantageusement se passer de finition.

Historiquement, le buis est d'abord utilisé dans la région pour produire des objets de culte. Au Moyen Âge, à Saint-Claude, les moines de l'abbaye initient au travail du bois de nombreux villageois. Ceux-ci deviennent rapidement d'habiles tourneurs et se révèlent excellents à tirer parti du buis et de ses capricieuses racines.

Tournerie Roland BUFFAUT

"Chez Loly...

Lieu de pèlerinage incontournable, par la découverte du corps intact d'un saint du XIIe siècle, l'abbaye fait le plein de dévots chrétiens jusqu'à la Révolution. Si le commerce des objets religieux en buis bat son plein, ce n'est pas là la seule production. Pour satisfaire au confort des pieux voyageurs, un grand nombre d'ustensiles de la vie courante sont réalisés. Les premiers jouets font alors leur apparition parmi les cuillères et autres boutons. Pour l'essentiel, il ne s'agit encore que de toupies et de sifflets.

Chose remarquable, après cinq siècles d'existence, ces jouets sont encore fabriqués aujourd'hui. Et même si les outils se sont modernisés, les techniques et les bois sont restés les mêmes qu'au Moyen Âge !

...la main d'un habile tourneur" - Tournerie Bernard LORGE

Tour à décolleter automatique - Tourneriе Michel CARRON

Boîte *"Dents de lait"* en buis
Tournerie Michel CARRON

Tour à décolleter semi-automatique - Tournerie René MONNERET

Plus encore que la toupie, le sifflet est l'objet le plus emblématique du passage de la tournerie d'objets de piété à celle du jouet. Indispensable aux bergers d'hier pour diriger les troupeaux dans les montagnes jurassiennes, il revêt un caractère sacré au point d'être figuré sur les plombs de pèlerinage de Saint-Claude.

Fabriqué en buis le plus souvent par un artisan paysan, le petit instrument va traverser les siècles sans grands changements. Indifférent aux modes, il poursuit son chemin, allant jusqu'à réussir le tour de force de profiter de l'arrivée du caoutchouc pour se refaire une nouvelle jeunesse. Un ballon à son extrémité, et voici le simple sifflet transformé en étonnant bibi. L'idée est aussi simple que géniale : on souffle dans l'instrument pour gonfler le ballon et quand celui-ci se dégonfle, l'air repasse par le sifflet en produisant un son strident.

Sifflets en buis - Tournerie Bernard LORGE

Fraiseuse

Cavaliers et petits chevaux - Tournerie Michel ROZ

Scie circulaire

Ce gadget offre à Moirans-en-Montagne une vraie renommée en France et dans le monde. Devenue capitale du bibi, elle va alors entraîner derrière elle toute l'industrie des tourneurs.

Bien que le monde des jouets en bois jurassien lui doive ses premiers copeaux, le buis est de nos jours utilisé de façon marginale par les artisans. Toutefois, les vertus de cette essence si particulière, à la croissance extrêmement lente (environ 5 centimètres tous les 100 ans) font encore merveille dans la réalisation de belles pièces d'échiquiers, de minutieuses miniatures, d'amusantes boîtes à dents de lait, de pions de toutes tailles, de jolies perles, de quilles colorées, de dés multiformes et autres cochonnets.

Tour à fraiser - Tournerie Michel ROZ

Miniatures en buis *"Taille réelle du rouleau à pâtisserie : 7,5 cm ! "* - Tournerie Michel CARRON

Par la voie des airs...

Galvanisé par son jeune auditoire et conscient du caractère exceptionnel de leur présence, le vénérable Joubert parle encore longuement de ses ancêtres nés au Carbonifère, il y a environ 300 millions d'années. Il fait aussi la liste des nombreux avantages de ses aiguilles, face aux feuilles des autres arbres, et de sa forme triangulaire, notamment contre l'accumulation de neige dont le poids, véritable fardeau, brise souvent les troncs et les branches des feuillus. Quand enfin il se tait, le silence pesant qui s'en suit, triste jumeau de celui qui hantait la chambre de Tom au réveil de nos deux poupées, rappelle à Câlin l'urgence de leur quête.

– Joubert, vous avez dit que nous étions nés d'un épicéa et de la magie des hommes, connaissez-vous notre père ? Savez-vous où il habite ? Et pensez-vous qu'il puisse nous aider à retrouver Tom ? mitraille un Câlin tout en suppliques.

– Malheureusement, tout ce que je sais c'est que les hommes vivent par-delà cette forêt. Je peux cependant vous aider à rejoindre leur monde.

Forêt du Risoux

Tourbière de Prénovel

"Joubert appelle ensuite deux petits parapluies..."

Joignant le geste à la parole, le patriarche de la forêt se lance dans un exercice de gymnastique des plus périlleux pour son vieil âge. Malgré ses rhumatismes, qui font craquer douloureusement chacune de ses très nombreuses branches, il se plie de toute sa hauteur jusqu'à toucher le sol de sa cime dégarnie. Ne se sentant pas de tenir des heures dans une si inconfortable position, Joubert prie nos deux garnements de bois de faire vite et de bien s'accrocher à ses plus hautes branches. Le sapin président appelle ensuite deux petits parapluies de bois de la famille Gaugé, qui entre deux averses ont l'habitude de promener leurs baleines en forêt. Ayant volontiers accepté de prendre l'air, ils seront fort utiles à nos deux héros pour leur garantir un atterrissage tout en douceur.

La catapulte Joubert propulse Lou et Câlin par-delà les nuages. La force du résineux est telle qu'ils ont à peine le temps de compter jusqu'à trois que déjà les deux parapluies se déploient pour ralentir leur descente. Ils se posent sans dommage sur un chemin de terre, près d'un panneau sur lequel on peut lire : "Moirans-en-Montagne, 1 km".

Après avoir souhaité bonne chance à nos amis, les deux parapluies, par un jeu savamment orchestré d'ouverture et de fermeture, reprennent le ciel en direction de la forêt. Les deux poupées n'ont pas fait dix pas qu'une étrange mélopée attire leur attention. Avec ce léger vent qui souffle sur le plateau, il est bien difficile de dire d'où viennent les sons, et encore moins de se faire une idée de la distance qui les sépare de ces notes.

Et puis brusquement, la musique est sur eux. À la gauche de Lou, des petits oiseaux de bois multicolores aux formes plus qu'arrondies et à la queue courte et relevée à la manière d'un malicieux troglodyte, sifflent une java tourbillonnante. À leur côté, des crécelles apportent un grain de folie à la composition. Quant à Câlin, il a droit à un morceau de jazz endiablé donné par des trompettes tout aussi colorées. Des piverts frappent de leur bec des tiges de métal, ajoutant à l'hétéroclite concert un rythme rapide et entêtant de percussion...

"Des petits oiseaux de bois multicolores aux formes plus qu'arrondies..."

F.G. Paris vers 1900 - MUSÉE DU JOUET

Le Diabolo

Né en Chine vers 4000 avant Jésus-Christ, le diabolo arrive en Europe à la fin du XVIIIe siècle grâce à Lord Macartney. Nommé cône volant ou diable, il fait fureur dans les salons parisiens. Vers 1900, l'ingénieur français Gustave Philippart le redessine pour lui donner sa forme actuelle. C'est également à cette époque qu'il prend le nom de diabolo. L'amélioration des formes, ainsi que l'utilisation de plastique au lieu de bois, sont à l'origine du regain d'intérêt pour ce jeu.
La tournerie Foulon fabrique des diabolos typiquement jurassiens, avec un centre en bois au lieu de la traditionnelle bague en fer.

La Toupie

L'objet est très ancien : Virgile y fait référence dans l'Énéide et elle est connue des pharaons. Appelée sabot, parce qu'autrefois taillée dans les talons de sabots usagés, elle est mise en mouvement à la main et fouettée ensuite par une lanière.
La toupie peut aussi être lancée en tirant sur une corde enroulée autour d'elle. Très apprécié des Japonais, ce jeu a été introduit en Europe au XVIe siècle. L'archéologie nous livre également des totons en ivoire de l'époque romaine. Cette variante du jeu tient autant de la toupie que du dé.
Il s'agit d'un petit cube, de quatre à six faces marquées de lettres ou de chiffres, traversé par un pivot central. La toupie a été un des fleurons de la tournerie moirantine tout au long du XIXe siècle et jusqu'après la Seconde Guerre mondiale. Depuis 2005, Ravilloles, petit village du Haut-Jura, rend hommage à ce jouet virevoltant en organisant, chaque année, le premier week-end de juin, la Fête de la toupie. Une manifestation originale unique en France.

Tricolore Jura 1890 - Toton et Ronflante en buis France début XXe - MUSÉE DU JOUET

DE L'ART DE TOURNER ROND

Déjà présent à l'âge du bronze, il y a plus de 3 500 ans, le tournage est en somme une idée toute simple.
Un morceau de bois mal équarri tourne sur son propre axe pendant qu'un outil le coupe dans sa longueur et sa profondeur, faisant progressivement apparaître, au milieu des volutes de copeaux, les courbes harmonieuses de l'objet désiré.
Perfectionnée par les Égyptiens, les Étrusques puis les Romains, la tournerie se développe ensuite au cours du Moyen Âge dans l'environnement des abbayes. Fort de ses nombreuses et vives rivières, le Jura s'impose très vite comme le pays de la tournerie.
Au XIXe siècle, la force hydraulique vient avantageusement remplacer celle de l'homme. Fini les tours à archet, pédale, manivelle ou roue directement actionnés par le tourneur. Le paysage jurassien se couvre alors de moulins à eau. L'énergie qu'ils dégagent est colossale. Elle permet d'actionner un arbre de quinze mètres qui court tout le long de l'atelier à quelques mètres du plafond. Sur cet immense axe métallique prend naissance une multitude de grandes roues motrices en bois d'au moins 70 centimètres de diamètre. Sur chacune d'elles viennent se poser une paire de roues plus petites. Celles-ci ont leurs chants creusés pour recevoir des courroies chargées d'entraîner la grande quantité de tours présents dans le bâtiment.

Tournerie Bernard LORGE

Tournerie d'art Bernard WILLMANN

La production augmente considérablement et avec elle c'est l'apparition des premières usines. Les tourneurs jurassiens, hier artisans paysans, qui durant des siècles ont travaillé chez eux, souvent en famille, vont se regrouper et se muer en ouvriers afin de produire plus et plus vite.
Avec l'arrivée de l'électricité en 1892, le monde de la tournerie subit une nouvelle mutation. Nombreux sont ceux qui choisissent d'investir dans un tour électrique. Ils retrouvent du même coup le travail à domicile et ouvrent de petits ateliers. Pour les autres, qui n'ont pas les moyens, il y a les usines communales. Créées par l'Union Électrique en compensation des terres inondées pour cause de barrage, ces structures se rencontrent à Lect, Vouglans, Chancia et Montcusel. Jusque dans les années 1970, les artisans y loueront une place pour tourner leurs articles.
La crise de 1929 fait définitivement entrer la tournerie jurassienne dans l'aire industrielle. À cette époque, les jouets en bois allemands, qui jusqu'ici envahissaient les grands magasins français, viennent à manquer. Les négociants vont alors passer commande aux tourneurs jurassiens.

Tour à décolleter semi-automatique avec son "réservoir" - Tournerie René MONNERET

Curettes - Tournerie Bernard LORGE

Outils de forme de tour à décolleter - Tournerie René MONNERET

Tour à décolleter semi-automatique - Tournerie René MONNERET

Cochonnets, quilles, toupies...
Tournerie René MONNERET

Des toupies de toutes sortes...
Tournerie Michel CARRON

Tour à commande numérique - VILAC

Tour semi automatique - VILAC

De nouvelles formes, de nouvelles couleurs, de nouveaux modèles de jouets sont sans cesse demandés. En quelques années on passe de l'artisanat à la production en grand nombre. La tournerie change de visage : les gouges et autres ciseaux à bois sont remplacés par les défonceuses et les rotatives qui prennent le contre-pied de la technique classique du tournage.
Ici les mains de l'artisan cèdent leur place aux différentes lames de la machine, qui s'animent à grande vitesse sur la pièce de bois en mouvement. En quelques secondes seulement, l'ébauchon se transforme en un article quasiment prêt à être vendu !
D'artiste, l'artisan tourneur devient régleur, affûteur et mécano pour machines.
Il les améliore, en invente de nouvelles, les adapte au besoin de sa production... De nos jours, la tournerie "Made in Jura", c'est un surprenant mélange entre des machines totalement automatisées, contrôlées par un programme informatique, au cœur de grandes usines, et des petits tours savamment améliorés par l'artisan dans de modestes ateliers à l'ancienne. Un équilibre assez unique entre tradition et modernisme, fait de production industrielle, de sous-traitance et de travail à la maison.

"Des tours, des rotatives, des perceuses, adaptés, améliorés, transformés..." - FOULON

Empilable *"Gus le clown"* - JANOD

Empilable *"Lady Betty"* - JANOD

Jeu de boules - Tournerie Guy SEURRE

Toupie lanceur - Tournerie d'art Bernard WILLMANN

Toupie virole - FOULON

Bolide - FOULON

Sifflets et trompettes enquêtent...

Encore sous l'effet de la surprise, Lou et Câlin n'osent pas bouger. D'un regard entendu, ils décident qu'il vaut mieux attendre, pour poser des questions, que le calme soit revenu, d'autant qu'il serait dommage d'interrompre une si festive musique.

Le premier à parler est un drôle de petit sifflet cylindrique en buis tourné.

– Bienvenue à vous, jeunes visiteurs, dans la capitale du jouet. Vous êtes ici chez vous ! leur siffle-t-il en rythme.

Voyant que nos deux amis n'ont pas l'air rassurés, il s'empresse d'ajouter :

– Je m'appelle Bibi. Mes amis et moi, nous sommes des musiciens troubadours. Nous nous exprimons plus avec les notes qu'avec les mots. Si c'est avec grand bruit que nous vous avons accueillis, ce n'était pas pour vous faire peur ou pour chercher le boxon mais seulement par plaisir du beau son.

Le jeu de mots fait aussitôt mouche au sein de la troupe itinérante. Tous s'esclaffent. Comme toujours, c'est le rire des crécelles qui est le plus remarqué et qui réussit le mieux à détendre l'atmosphère.

La joute des questions commence alors, chacun étant impatient de tout savoir de l'autre. Lou et Câlin racontent leur aventure aux amusants instruments. En retour, ils apprennent que Moirans-en-Montagne, la ville qu'ils ont sous les yeux, est le berceau du jouet en bois jurassien. La cité a plusieurs fois changé de nom et de surnom au cours de son histoire fortement liée à celle du jouet. Tout commence avec l'installation des moines dans le Jura du Moyen Âge.

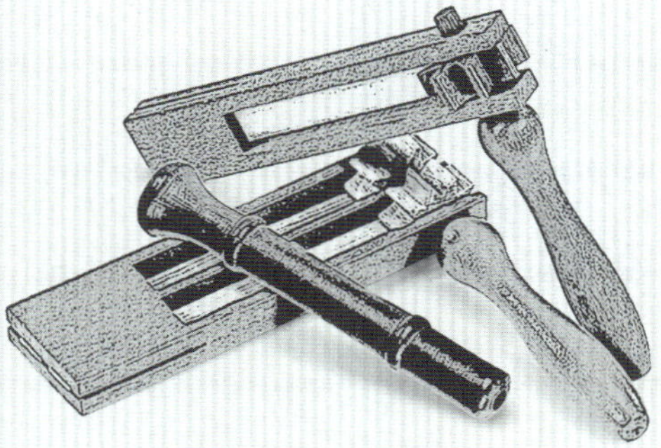

Trompettes et crécelles - SASSARD

"Je m'appelle Bibi. Mes amis et moi nous sommes des musiciens troubadours..."

À cette époque, des foules considérables viennent chaque année vénérer les fondateurs et les disciples de l'abbaye de Saint-Claude. Les religieux profitent de leur retraite pour tourner des objets de piété en buis qu'ils vendent aux pèlerins. Comprenant tout l'intérêt de cette activité d'appoint, à même d'occuper les longues journées d'hiver, les paysans de la région reprennent à leur compte ce savoir-faire de tourneur. C'est ainsi que les toupies, sifflets et autres crécelles remplacent petit à petit les chapelets et les patenôtres. À Moirans, on fait des quilles, des toupies, des croquet, des bilboquets, des jeux de dames et d'échecs... À partir de 1850, la ville se spécialise dans le bibi et prend le surnom de Bibiville. Elle s'impose dès lors comme le fournisseur mondial de ce petit sifflet tourné que l'on peut placer à l'extrémité des ballons de baudruche...

– Nous cherchons notre créateur pour qu'il nous aide à retrouver notre ami Tom. Nous pensons qu'il pourrait vivre ici. Bibi, saurais-tu comment le trouver ? questionne Câlin, plein d'espoir.

– Je ne peux pas te dire où il habite, mais je sais où dénicher l'information. Nous avons ici un lieu merveilleux, quasi magique, où l'histoire de tous les jouets du monde est consignée.

– C'est bien vrai ça, on va pouvoir découvrir où vit notre papa ? s'enthousiasme Lou.

– Parole d'instrument à vent, c'est pas du pipeau ! lâche Bibi qui décidément aimait beaucoup jouer avec les mots.

La trompette sonne le départ et la joyeuse troupe se met en mouvement. Direction : le musée du Jouet. Les piverts s'empressent de marquer la cadence à coups de bec répétés sur la fine tige de fer qui jamais ne les quitte.

Au détour d'une ruelle, la "maison" des jouets fait bientôt son apparition. Un mélange de surprise et d'incrédulité submerge Lou. Quelle est donc cette chose si vivement colorée qui s'offre à son regard ?...

Oiseaux siffleurs - FOULON

Piverts de Moutonne - Tournerie Guy SEURRE

Jalalabad Afghanistan, 1975 - MUSÉE DU JOUET

Les Jouets Musicaux

Par le passé, les crécelles furent tour à tour utilisées par les lépreux pour prévenir de leur arrivée, par les chasseurs pour rabattre le gibier ou par les gardes champêtres à la place du tambour dans les défilés de carnaval. La tradition voulait également que durant la semaine sainte, les enfants de chœur tournent les crécelles pour accompagner les cloches dans leur voyage à Rome.

Dès le Moyen Âge, les moines puis les artisans fabriquent des versions réduites et colorées d'instruments de musique. Elles sont offertes aux enfants des pèlerins en guise de jouets. Depuis, dans le Jura, les tourneurs sur bois façonnent par milliers des trompettes, des sifflets, des bibis et autres crécelles aux formes et aux couleurs des plus variées.

Le Croquet

Ce jeu franco-anglais trouve ses origines dans le "mail", pratiqué dans les campagnes françaises au Moyen Âge. Repris en 1300 par les Britanniques, ce jeu est devenu, après de multiples transformations, le golf en Écosse et le croquet en Irlande. Extrêmement populaire durant toute la deuxième moitié du XIXe *siècle et le début du XX*^e^ *siècle, ce jeu, constitué de boules en bois poussées à l'aide de maillets à travers des arceaux, est aujourd'hui toujours autant apprécié en Grande-Bretagne, au Canada et aux États-Unis. On raconte que c'est Louis XIV qui, frustré de ne pouvoir y jouer en hiver, l'aurait transposé sur une table, donnant ainsi naissance au billard.*

Croquet de salon (Moirans-en-Montagne) vers 1930 - MUSÉE DU JOUET

SOUVENIRS DE JOUETS

Il est un lieu à Moirans-en-Montagne que l'auteur d' *À la recherche du temps perdu* ne renierait sûrement pas, tant son côté "Madeleine de Proust" est évident.
Qui pénètre dans le musée du Jouet traverse aussitôt le miroir pour se retrouver dans le pays de l'enfance. L'adulte se souvient de son premier cheval de bois, de sa maison de poupée, ou de ce petit chien blanc et noir à allure de saucisse laquée qu'il tirait du matin au soir dans toutes les pièces de la maison. Tenace, le souvenir d'un jouet ou d'un jeu est riche d'émotions. Qui n'a pas dans un coin de sa mémoire une petite fille de chiffon aux cheveux d'or ou l'odeur si particulière d'une locomotive électrique filant à vive allure sur ses rails miniatures.
Posé au cœur du "pays de l'enfant", berceau du jouet jurassien depuis le milieu du XIXe siècle, le musée du Jouet de Moirans-en-Montagne est une machine à remonter le temps aux couleurs criardes et aux formes déroutantes. Entouré de vitrines riches de milliers de jouets venus du monde entier, témoin de 5 000 ans d'histoire, on redevient vite un enfant.

Salle principale - MUSÉE DU JOUET

"Où l'on apprend comment des familles entières ont poli, assemblé, peint, trempé et rubanné des sifflets et des quilles par milliers..."

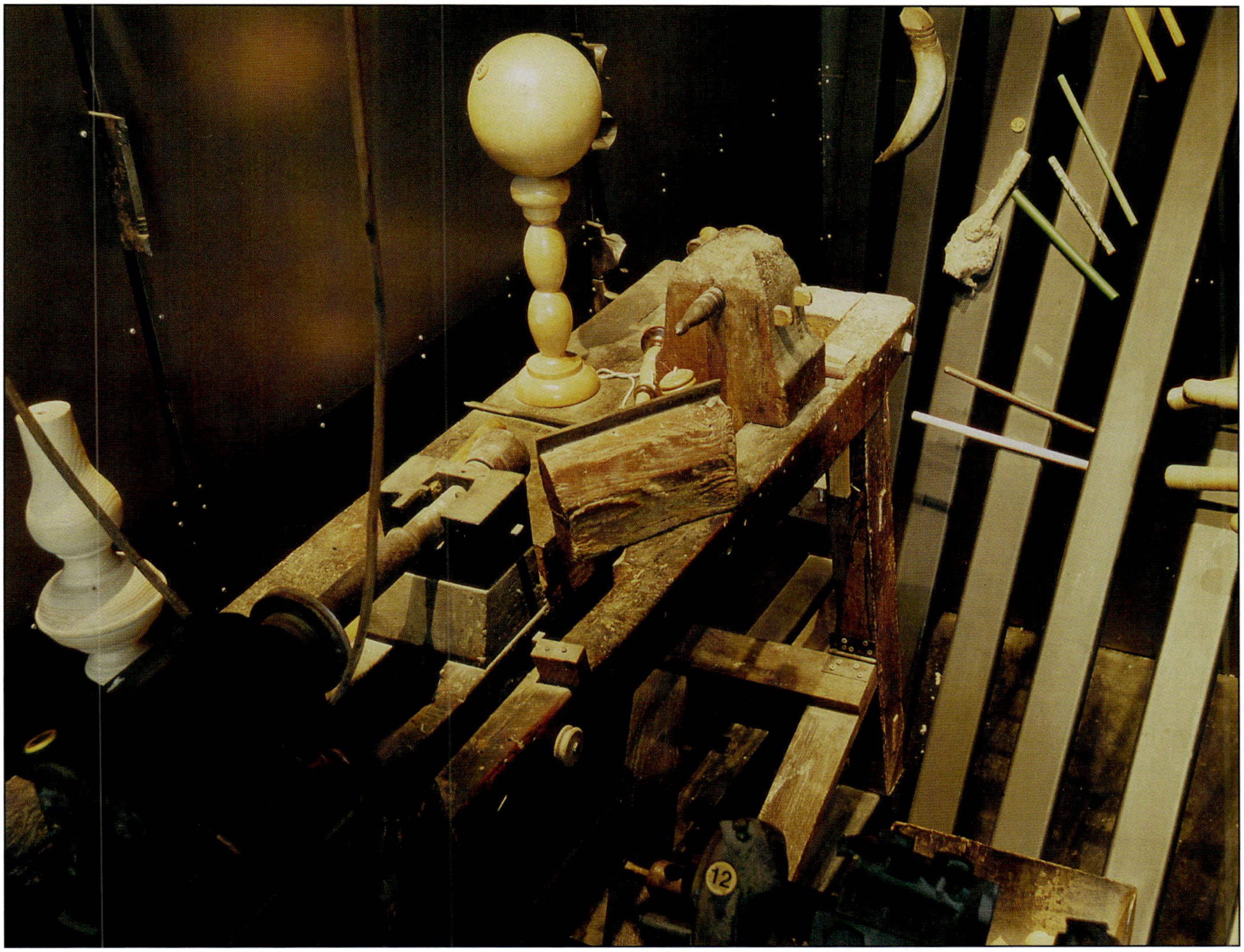

"Où l'on comprend comment ils ont tourné tout ce qui pouvait se tourner..."

Des chariots sumériens en terre cuite aux poupées les plus modernes, en passant par les jeux optiques du Grand Siècle et les jouets mécaniques de l'ère industrielle, sans oublier le riche univers des jouets en bois, tous trouvent leur place en ces murs. Hier oubliés, abandonnés au fond d'un grenier poussiéreux ou prisonniers d'une grosse malle à la forte odeur de cuir, les jouets sont ici chez eux, dans leur musée, pour le plus grand plaisir des visiteurs de tous âges. Ces objets destinés au plaisir des petits ne sont pas les seuls à recevoir l'hommage du musée. Les hommes et les femmes qui, dans le Jura, ont répété et transmis des gestes, adapté ou inventé des outils pour faire rêver les enfants ne sont nullement oubliés.

La première partie du site leur est consacrée. Des petites niches présentent l'art de la tournerie, de la tabletterie, de la mise en couleur et de la finition, le tout enrichi de documentaires vidéo.

JEX (Saint-Claude), vers 1950 - MUSÉE DU JOUET

CLAIRBOIS (Moirans-en-Montagne) 1958 - MUSÉE DU JOUET

La ville futuriste réalisée par VILAC pour l'exposition *"La ville en jouets"*, Paris, Musée des Arts Décoratifs 1996 - MUSÉE DU JOUET

Le musée organise aussi des expositions temporaires afin de mettre en valeur les collections de jouets anciens ou pour exposer le travail d'un artiste. Des aires de jeux, des animations pédagogiques et des ateliers de fabrication de jeux de société ou de jouets sont proposés au public...

Né en juin 1989, à l'initiative de la mairie et des industriels du jouet, le musée n'a cessé de s'enrichir au fil du temps.

En 2003, un lot exceptionnel de 3 500 pièces, provenant du musée du Jouet de Canet-en-Roussillon vient étoffer la déjà riche collection de Moirans-en-Montagne, faisant de celle-ci l'une des plus belles d'Europe. En 2005, le musée acquiert encore 700 pièces provenant du Sahara et d'Afrique du Nord, collectées par l'anthropologue belge Jean-Pierre Rossie.

Aujourd'hui cet étonnant et ludique bâtiment, que l'on doit à l'architecte arboisien Guy Bonnivard, accueille chaque année plus 50 000 visiteurs.

Quant à l'avenir, un grand projet de rénovation devrait voir doubler la surface du site afin de créer une véritable cité culturelle de l'enfant. De quoi faire honneur à cette région de caractère qui aujourd'hui encore produit 50 % des jouets français.

Rolls Pinin Farina - VILAC 1989 - MUSÉE DU JOUET

Retour vers le passé...

On dirait un énorme iceberg. Mais pas un de ceux, tous blancs, qui dérivent sur la banquise. Non, celui-ci ressemble plus à un gros Lego au bleu improbable, qui se serait égaré au cœur de la verte vallée de Moirans.

Tournant la tête en direction de son frère, Lou déchiffre dans son regard la même perplexité. Pourtant ce n'est pas le musée qui semble l'intriguer, mais plutôt un étonnant animal que jusqu'ici Lou n'avait pas remarqué. Se tenant immobile devant l'entrée, tel un gardien, il a l'aspect d'un curieux serpent bariolé de jaune, de bleu et de vert. Son nez, une boule rouge, rappelle celui de l'auguste des pistes de cirque. Plus baroque encore sont assurément ses deux yeux globulaires qui tiennent comme par magie de chaque côté de son clownesque appendice nasal. Lorsqu'il s'adresse à nos amis, arrivés à sa hauteur, sa voix a quelque chose d'envoûtant. Sa façon singulière de laisser mourir chaque mot d'un zozotement plaintif est quasi hypnotique.
– Bonzzzzzour noble voyazzzzzeur. Je suis Zzzzzerpentin, le gardien de zzzzzes lieux. Laizzzzzez-moi vous zzzzzervir de guide pour votre vizzzzzite dans mon royaume z'enzzzzzanté.
Ayant fait leurs adieux à la troupe de musiciens fantasques, les poupées suivent le bigarré reptile à l'intérieur du musée. L'irréel serpent les dirige dans un dédale de salles et de couloirs plus surprenants les uns que les autres.

"On dirait un énorme iceberg..."

JEX (Saint-Claude), vers 1900 - MUSÉE DU JOUET

Jura, de 1900 à 1950 - MUSÉE DU JOUET

Véritable paradis des jouets, le lieu accueille tous ces compagnons de l'enfance sans distinction d'âge, de couleur, de forme ou de matière. Ainsi peut-on entendre des quilles pompiers, au bois poli par le temps, narrer leur dernière aventure héroïque à une petite marchande d'oranges automate, au fer blanc délavé. Serpentin arrête sa course folle au sommet d'un large escalier donnant sur une pièce aux dimensions intimistes.
– Izzzzzi vous la trouverez. Elle zzzzzait qui il est. Zzzzz'est la plus vieille, elle a toutes les réponzzzzzes, livre le rampant cicérone avant de disparaître avec une prodigieuse rapidité.
En fait de salle, il s'agit plus justement d'une chambre occupée par plusieurs centaines de poupées. Là encore, l'hétérogénéité est la règle. Des poupards en carton bouilli de 1900 se cachent sous les jupons en dentelles de dames du monde à la porcelaine toujours brillante. Ailleurs, des baigneurs en celluloïd prennent un bain sous le regard envieux d'un "bébé caractère" venu d'Allemagne, qui hésite entre rires et pleurs... Quelque peu cachée par une Barbie des années 50, qui se la joue mannequin anorexique, une poupée de bois attire l'attention de Lou et Câlin.

Jura, vers 1930 - MUSÉE DU JOUET

Monneret (Lons-le-Saunier), vers 1950 - MUSÉE DU JOUET

MONNERET (Lons-le-Saunier), vers 1930 - MUSÉE DU JOUET

VILAC, 1991 - MUSÉE DU JOUET

Éria (Villards d'Héria), vers 1936 - MUSÉE DU JOUET

ERIA (Villards d'Héria), vers 1930 - MUSÉE DU JOUET

ERIA (Villards d'Héria), vers 1936 - MUSÉE DU JOUET

"Des poupards en carton bouilli de 1900 se cachent..."

"Elle possède pour seul habit un très joli nœud..."

Elle possède pour seul habit un très joli nœud bleu, discrètement posé entre deux nattes de laine beige clair, grossièrement tressées. Avec ses grands yeux noirs très expressifs et son sourire des plus accueillants, elle partage un air de famille indéniable avec nos deux héros.
Dès leur arrivée, elle reconnaît les deux visiteurs conduits par le vif Serpentin. Aussi, lorsqu'ils s'approchent, elle est la première à prendre la parole.
– Vous êtes des enfants de Charliluce n'est-ce pas ? Pourquoi êtes-vous là ? Le temps n'est pas encore venu pour vous de profiter du calme de cette maison. À votre jeune âge, votre cœur de bois ne bat-il pas pour un petit d'homme ?
– Nous ignorons qui est ce Charliluce. Nous cherchons à retrouver notre ami Tom qui a disparu à notre réveil, explique Câlin, quelque peu intimidé par cette mystérieuse poupée qui semble en savoir tellement sur eux.
À son tour, Lou explique à leur sœur de bois comment et pourquoi au fil de leurs rencontres, ils en sont arrivés à se tenir devant elle en cet instant. Puis c'est à leur nouvelle amie de raconter son histoire. Elle se prénomme Églantine et elle doit son regard profond au talent de tourneuse de Jacqueline Rougemont. Cette artiste a aujourd'hui cessé de donner vie aux morceaux de pin, de frêne, d'aulne et d'épicéa qui forment le corps de nos poupées articulées. Maintenant c'est Charliluce qui crée pour les enfants de joyeux compagnons en bois tourné...

Collection privée

Émue par l'aventure de Lou et Câlin, c'est sans hésitation qu'Églantine propose son aide.
La vieille poupée veut se redresser, quand d'antiques articulations se rappellent douloureusement à elle, la clouant littéralement sur place. Résignée, elle opte pour un itinéraire détaillé qu'elle griffonne sur une simple feuille de papier. Les deux jeunes aventuriers n'auront plus qu'à suivre ce plan pour se rendre chez leur père créateur. Câlin se concentre le plus sérieusement du monde sur le document afin de bien mémoriser chaque détail du parcours. Il remercie chaleureusement son aïeule et enjoint sa sœur à se mettre rapidement en train.
Alors qu'ils quittent le musée, Serpentin leur fait signe :
– Ne partez pas zzzzzi vite, je voudrais vous zzzzzoffrir ce cheval. Avec lui, vous zzzzzirez plus vite qu'à pied ! leur dit-il en leur confiant un magnifique équidé à la robe de hêtre d'un beau beige, légèrement rosé en raison de son passage à l'étuve. C'est un couple qui lezzzzz élève, les Bonaitï qu'ils zzzzzappellent. Les chevaux naizzzzzent dans leur petit atelier du charmant village de Pagnoz. Ils zzzzzont parmi les derniers de la région à conzzzzzevoir des chevaux de bois tradizzzzzionnels, ajoute-t-il encore.
Fortement émus par la générosité de leur nouvel ami, Lou et Câlin ne peuvent retenir quelques larmes. Une fois encore on ne se quitte pas sans se faire la promesse de se revoir très vite.
Le frère aide sa sœur à s'installer sur la selle au bois dur, garanti sans écharde, du cheval à bascule. Puis, il monte à son tour le noble destrier verni. L'animal s'élance d'un trot assuré qui, sans être très rapide, n'en est pas moins soutenu...

Boissellerie BONAITÏ

France vers 1900 "Don de Mr Louis RAMA" - MUSÉE DU JOUET

Les Puzzles

On doit l'invention des puzzles à John Spilsbury, un cartographe et graveur londonien qui, vers 1760, eut l'idée de découper des cartes représentant différents pays du monde et de les vendre comme moyen ludique d'apprendre la géographie. Les premiers puzzles correspondaient à une image peinte sur la surface d'une fine planche de bois, que l'on découpait ensuite à l'aide d'une scie à chantourner. D'origine anglaise, le mot puzzle signifie embarras, perplexité, énigme. Cette appellation s'est imposée même en France, où son nom fut d'abord jeu de patience ou casse-tête.
Destinés aux plus petits, les puzzles peuvent être constitués d'une série de cubes. Chacune des six faces portant une parcelle des différentes images à reconstituer.

Les Jeux de Construction

Les jeux de construction se rencontrent dès le XVIIIe siècle. Ils sont en général constitués de planchettes de bois mais peuvent aussi se présenter sous forme de modèles en carton à découper. C'est sous la dénomination de Constructions faciles *ou* Grandes Constructions *que l'Imagerie d'Épinal publie de 1890 à 1914 de nombreux modèles de ce type. Mais c'est surtout au début du XXe siècle que les jeux d'assemblage se développent. Avec comme stars, côté métal, le célèbre Meccano et, pour le plastique, le tout aussi connu Lego. Face à ces deux géants, Jeujura, une petite société jurassienne, tire son épingle du jeu en donnant naissance en 1941 aux premières maisons forestières et aux chalets suisses composés de très nombreuses pièces de bois.*

Maison forestière JEUJURA - Collection privée

LE PASSAGE À LA COULEUR

Longtemps les jouets en bois jurassiens n'ont eu pour unique habillage que la couleur naturelle de leur essence.
À cette époque, le ponçage est à lui seul un art. La pierre ponce, finement broyée en poudre, est utilisée avec un linge humide parfois humecté d'huile d'olive.
Le buis est souvent ciré à la cire d'abeille mélangée à celle du carnauba, un palmier brésilien, pour rehausser son éclat naturel et sa belle couleur jaune.
Les premiers vernis apparaissent au XVIIIe siècle. D'abord rares et coûteux, ils se démocratisent très vite. Ce sont les sifflets, trompettes et autres quilles qui sont les premiers à prendre des couleurs. De petits filets de peinture, le plus souvent rouges ou bleus, décorent alors ces différents jouets. La technique née à Moirans-en-Montagne s'appelle le rubannage. Le plus souvent, ce sont les femmes qui sont chargées de ce délicat travail.

"Au fil du temps les outils prennent les couleurs des jouets..." - JEUJURA

Tour à rubanner *"Filette"* - Tournerie Bernard LORGE

Ces rubanneuses œuvrent sur une filette, un simple tour à pédale généralement monté sur une petite table. Le mécanisme est celui d'un rouet qui n'est pas sans rappeler les premières machines à coudre. La couleur est déposée à main levée à l'aide de deux ou trois fins pinceaux. Ce procédé extrêmement minutieux, qui offre aux objets de bois des lignes colorées d'une grande délicatesse, a aujourd'hui quasiment disparu.

Quilles rubannées par tampographie - Tournerie Guy SEURRE

Laquage au trempé - VILAC

Avec l'ère industrielle, c'est l'arrivée des laques. Leurs couleurs vives et brillantes viennent directement concurrencer le rival plastique. Ces résines demandent une lente imprégnation du bois, c'est pourquoi la méthode la plus couramment utilisée est le laquage au trempé.

Les pièces à peindre sont piquées sur une planche recouverte de clous. Celle-ci est suspendue au-dessus d'un bac de peinture, puis plongée dedans. Les objets sont ensuite retirés doucement de leur bain pour enfin être séchés. L'exécution est délicate et demande de l'expérience. L'endroit où est planté la pièce fait l'objet d'une surveillance particulière de la part du laqueur. C'est là que peuvent naître les plus vilaines coulures. La vitesse de remontée a également son importance et une erreur peut contraindre à repolir le jouet.

En 1955, la première machine à tremper est inventée à Moirans-en-Montagne par Raymond Peuget. Elle s'inspire d'un mécanisme d'horloge comtoise.

Plus tard, des moteurs électriques remplacent les contrepoids afin de faire remonter les planches cloutées à la vitesse désirée.

Pièces de voitures laquées - VILAC

Tournerie Guy SEURRE

"Pour polir et teinter, il n'est pas rare de voir des objets détournés de leur fonction première..." - JEUJURA

Une autre solution de mise en couleur vise à conserver l'aspect bois du jouet : c'est la teinture. Ici les veines restent apparentes. Pour obtenir ce résultat, les objets que l'on veut traiter sont placés dans des paniers en fer, sortes de grandes friteuses pour cuisines collectives, et immergées ensuite dans des bacs contenant une teinture diluée à l'eau.

Un procédé différent consiste à vernir les pièces par rotation dans de vastes tonneaux tournant sur un axe horizontal. Ces derniers, appelés aussi polissoirs, servent également à lustrer les pièces de bois. Dans ce cas, à la place de la peinture, c'est de la cire qui est versée dans les barriques en rotation. Quand les éléments d'un jouet sont trop gros pour être trempés, on laque au pistolet dans des cabines à rideau d'eau. Enfin, pour de grosses productions, il existe des chaînes de mise en couleur entièrement automatisées.

Dans l'univers du jouet en bois, il n'est pas rare de voir des objets du quotidien détournés de leur fonction première. Ainsi, les polissoirs sont souvent remplacés par de véritables bétonnières. Quand les quantités à peindre sont faibles, c'est le règne du système D. Un couple de passoires se voit aussitôt habilement recyclé. Maintenues tête-bêche, et remplies de pièces en bois, elles sont alors plongées dans un seau plein de peinture !

Finition au tonneau - Tournerie Michel CARRON

Claies de séchage - Tournerie Michel CARRON

Vernis au pistolet - DALLOZ

Laquage à la passoire - CHARLILUCE

Robot de vernissage - MAROTTE

Teinte au trempé - SASSARD

Détail d'un panier de trempage - JEUJURA

Meuh et Compagnie...

Après avoir franchi une modeste colline, leur route emprunte un sentier qui traverse une petite forêt. Alors qu'au loin une arche de lumière révèle à nos amis une sortie du bois toute proche, surgit devant eux une inquiétante vache à roulettes nantie d'un insolite chapeau de bois jaune.

Affolé par cette soudaine apparition, le cheval se cabre violemment dans un hennissement déchirant, avant de s'enfuir au galop. Lou et Câlin se retrouvent par terre totalement interdits. Réussissant doucement à se relever, ils tentent d'évaluer la situation d'un rapide coup d'œil circulaire. Où qu'ils regardent, ils sont cernés de robes noire et blanche, de pis rose tendre et de petites clarines cuivrées... Au total, il y a là une bonne dizaine de vaches de toutes les tailles et de toutes les formes qui les dévisagent d'un air menaçant. Derrière cette ligne de bigarrés ruminants, c'est tout un zoo d'animaux en bois qui se tient en retrait. On y découvre pêle-mêle : des hérissons, des ânes, des chiens et d'étranges brebis.

Jouant les stars à bord de leurs bolides aux couleurs étincelantes, Oui-Oui, Léon le chat et Billy le taxi, leur ami à la grosse moustache, sont également de la fête...

C'est un véritable guet-apens !

"Toby le chien...

... et Pic-Pic le hérisson" - VILAC

"L'âne Martin" - VILAC

"*Rosy à traîner*" - VILAC

"*Billy le taxi*", "*Oui-Oui*" et "*Léon le chat*" - VILAC

"*Mini camion Rosy*" - VILAC

Chariot de quilles - FOULON

Tout à coup, une sirène se fait bruyamment entendre. Un fourgon lancé à vive allure s'immobilise, d'un habile dérapage contrôlé, à deux roues de nos poupées de bois. Dans un nuage de poussière, une escouade de quilles multicolores débarquent et forment un rempart de sécurité autour de la vache au chapeau couleur paille.
Escorté d'un parapluie à tête de chien, prêt à l'abriter en cas de coup dur, celle qui semble être le chef de cette extravagante bande s'avance vers nos deux amis.
– Je m'appelle Rosy et je suis une vache Vilac, déclare-t-elle pompeusement, sûre de son effet. Que venez-vous faire sur mes terres ? Vous m'avez tout l'air d'espions cherchant à voler le secret de notre laquage si parfait, poursuit-elle d'un ton menaçant.
– Nous ne sommes rien de ce que vous dites. Nous cherchons seulement notre ami Tom. Nous ne savons même pas ce que c'est que Vilac ! lâche au prix d'un incroyable effort un Câlin à la voix tremblante.
– Comment est-il possible que vous ne sachiez rien de Vilac. Mais d'où venez-vous ? lance incrédule Rosie d'une voix haut perchée où toute trace de suspicion a disparu.
– Monsieur Rose et monsieur Vert, veuillez garder un œil sur ces deux incultes. Nous allons les conduire à l'usine. Il me paraît insupportable de les laisser ainsi plus longtemps dans l'ignorance.
– À vos ordres madame ! aboient d'une seule voix les deux quilles mercenaires désignées par l'arrogante Rosy.

Au cours du trajet, Lou et Câlin tentent à plusieurs reprises de faire comprendre à l'orgueilleuse Rosy qu'ils n'ont pas le temps pour une visite. Mais la vache têtue comme un mulet reste sourde à leurs suppliques.
Sur place, la petite virée tourne très vite au cauchemar pour nos deux héros. Chacune des salles qu'ils explorent est peuplée d'étranges machines dont les intentions leur semblent clairement hostiles. Une, en particulier, donne la chair de poule à Lou. Elle possède huit angoissants tentacules de plastique bleu, crachant vivement de l'air par leurs étranges becs orange. Sorte d'araignée mécanique, elle est armée de terrifiantes mèches acérées qui perforent simultanément de cinq trous le corps d'un innocent animal de bois. Horrifiée par un si cruel spectacle, Lou court se réfugier dans les bras protecteurs de son grand frère.
Pic-Pic, le hérisson orange, tout hérissé de boules multicolores, est témoin de la scène.
Il s'approche de nos amis pour les rassurer.
– Ne soyez pas inquiets, elle ne souffre pas puisqu'elle n'est pas encore née. C'est une future girafe. Cette perceuse, que vous trouvez si horrible, est en quelque sorte sa mère.
Sa programmation lui a commandé de réaliser cinq orifices. Quatre accueilleront les pattes et le dernier sera le point de départ du très long cou de notre future amie Paf la girafe.
Ainsi rassurés, Lou et Câlin poursuivent leur exploration des locaux Vilac d'un œil nouveau.
Ils comprennent bientôt que, loin de l'enfer qu'ils ont imaginé, il s'agit en fait d'une véritable nursery pour jouet en bois.
Devancés par Rosy, ils découvrent au gré des couloirs des tableaux plus attachants les uns que les autres.
Ici une brochette d'éléphants en devenir prend un bain, parfaitement minuté, dans un grand bac de laque rose du plus bel effet. Là un âne mutin remue sa queue de métal, tout heureux de recevoir sa clochette et son collier de bois marqué à son nom : un beau "Martin", orange sur fond jaune.
Plus loin et déjà à l'extérieur, Babar s'apprête à prendre sa première leçon de vol aux commandes de son bel avion aux couleurs vives.

Machine à percer multi-têtes - VILAC

"Pic-Pic le hérisson" - VILAC

"Babar en avion" et "Babar en voiture" - VILAC

"*Dolly la brebis*" - VILAC

Jouant les guides touristiques, Rosy commente abondamment la visite. Elle révèle ainsi aux deux poupées de bois que Vilac provient de la contraction de deux mots : “Vi” pour Villet, Narcisse Villet, le créateur de l’entreprise en 1911, et “lac” pour le laquage dont la qualité est la marque de fabrique de la société. Elle leur confie également avec fierté, que de grands artistes comme Andy Warhol, Hervé Di Rosa ou encore Jean-Charles de Castelbajac ont imaginé de nombreux Jouets pour Vilac... Le tour de l’usine s’achève et Rosy lit dans les yeux de nos amis leur désir de reprendre la route. Elle les interroge sur leur destination.

– Nous avons appris que nous étions des enfants de Charliluce. D’après ce que nous avons compris, sa maison ne devrait pas être loin d’ici. Nous devons le voir, explique avec insistance Câlin.

– C’est effectivement tout près. L’atelier que vous cherchez est juste là, proclame Rosie en montrant de sa patte avant droite une bâtisse au loin.

Les visages de Lou et Câlin s’illuminent aussitôt. Ils touchent enfin au but.

Alors qu’ils font leurs adieux à Rosy, qui bien qu’un peu pédante n’est au fond pas si vache, trois brebis s’approchent en bêlant. Elles se ressemblent tellement qu’on les croirait clonées, d’ailleurs elles s’appellent toutes Dolly ! Elles tiennent à offrir un cadeau souvenir aux deux poupées. Il s’agit d’un domino signé de l’artiste Keith Haring.

Il paraît que ça a de la valeur...

Dominos *"Keith Haring"* - VILAC

ÉRIA (Villard-d'Héria, Jura) vers 1930 - MUSÉE DU JOUET

Les Jouets à Traîner

Le jouet à traîner est présent dès l'Antiquité. Un musée d'archéologie du Caire possède un nombre important d'animaux à traîner, en terre cuite ou en bois, retrouvés dans les tombes égyptiennes. Le cheval est l'animal le plus souvent reproduit. Un des plus anciens représente le mythique cheval de Troie. De fer ou de bois, il recèle dans ses flancs des petites sculptures grossières figurant Ulysse et son armée. Au XIXe siècle, une nouvelle famille de jouets à traîner voit le jour en Allemagne : l'arche de Noé. Il s'agit d'une maison-bateau sur roulettes dont le toit s'ouvre sur de petits animaux contenus à l'intérieur.

Au XXe siècle, les jouets à traîner se font plus complexes en se dotant d'un mécanisme sonore ou de mise en mouvement. Le canard à tirer de la société Eria en est un bel exemple. Ses pattes sont fixées sur les roues. Lorsque l'enfant le tire, l'animal se dandine tel un vrai volatile. À partir de 1930, les licences apparaissent : Babar, Pinocchio ou héros de Walt Disney sont alors reproduits sous forme de jouets à traîner.

Les Dominos

Le mot domino proviendrait de l'analogie entre les couleurs des pièces du jeu (recto blanc, verso noir) et celles de l'habit des religieux dominicains, lequel est blanc, recouvert d'une cape noire servant de manteau.
Les dominos sont nés en Chine il y a trois siècles. Leur origine est le fruit d'une modification du jeu de dés indien, connu en Europe comme dé à six faces. Il était utilisé en Inde notamment pour le chaturanga, l'un des ancêtres du jeu d'échec. Les Chinois ont transformé ces dés en pièces plates. Les premiers dominos européens sont faits en os.
À la fin du XIXe siècle, grâce à l'assemblage de plaquettes d'os et d'ébène avec des semences de laiton, les pièces peuvent être placées debout.
Par la suite, le bois teint puis la matière plastique ont fait des dominos un jeu des plus populaires.

France vers 1900 - MUSÉE DU JOUET

IMPRESSIONS SUR BOIS

Quand le jouet représente un animal ou un personnage de notre enfance, comme Bécassine ou Oui-Oui, la seule mise en couleur des pièces de bois tournées ne suffit pas à lui donner une vraie personnalité. Un chien, par exemple, a besoin d'une bouche, de deux yeux et pourquoi pas de quelques taches noires, si c'est un dalmatien. Ces ajouts ponctuels de couleur peuvent être réalisés à la main, quand les volumes sont faibles. Dans le cas contraire, on a recours à la tampographie. Ces machines possèdent des tampons de caoutchouc rose tendre de forme arrondie qui reproduisent le motif à imprimer. Présents à l'unité ou par deux ou trois selon le nombre de couleurs à appliquer, ils vont, dans un premier temps, s'imprégner de l'encre contenue dans le creux d'une matrice en acier, reproduisant le motif à imprimer. Il ne reste plus ensuite qu'à transférer cette couleur, d'un délicat baiser sur la pièce de bois.
Dans le cas des jeux de société, des puzzles et autres cubes, des techniques différentes permettent de réaliser des dessins aux motifs souvent complexes. La sérigraphie est la solution la plus couramment utilisée.

Têtes de chiens tampographiées - VILAC

N°16

Les Puzzles
en forme
Les Jeux de Paul

"*Il ne reste qu'à transférer cette couleur, d'un délicat baiser sur la pièce de bois...*" - VILAC

Machine à sérigraphier - ARTISABOIS JURA

Héritière de la riche et ancestrale tradition chinoise de teinture sur tissus, elle aurait été inventée au Japon au XVIIe siècle. Son nom vient du grec et du latin et signifie "écriture sur soie". Son principe consiste à faire glisser de l'encre au travers d'un écran constitué d'un tissu de nylon tendu, fixé à un cadre en bois ou en aluminium. La toile, anciennement en soie, est préalablement travaillée pour rendre possible l'impression d'un motif.

Ainsi des zones de tissu sont bouchées et d'autres laissées libres, le tout constituant une sorte de pochoir. La couleur se dépose alors sur l'objet en bois, en reproduisant les formes des parties qui ont laissé passer l'encre. Un écran différent est nécessaire pour chaque couleur du dessin à dupliquer. Comme celles-ci sont imprimées les unes à la suite des autres avec des temps de séchage intermédiaires, il est important de bien caler l'objet destiné à être imprimé afin d'éviter tout chevauchement d'une teinte sur une autre.

Étapes de sérigraphie - BAILLY-JULLIARD

Coffret de jeux sérigraphiés - JANOD

Puzzles animaux sérigraphiés - ARTISABOIS JURA

Pour les cubes et leurs six faces habillées de jolis dessins, un habile collage de feuilles illustrées peut parfois remplacer la sérigraphie.

Ce délicat travail est réalisé à domicile. Les décors de papier sont encollés en passant sur la surface d'un rouleau en rotation. La machine délivre une quantité de colle variable selon la texture du bois. Les faces lisses des cubes demandant moins de colle que celles plus rugueuses. Une première feuille est posée sur un des côtés des vingt petits cubes constituant l'image. L'ensemble est ensuite retourné à l'aide d'une plaque et chaque carré est séparé de son voisin par une découpe au cutter. L'opération est ainsi répétée pour les six faces. Le geste doit être rapide et sans pose afin d'éviter que les cubes ne restent collés entre eux. Une fois le jeu bien sec et rangé dans sa boîte, il ne reste plus qu'à appliquer une dernière image sur le couvercle de celle-ci.

Deux solutions particulières sont réservées au marquage des dés et des dominos. Pour les premiers, parés de leurs vingt et un points noirs, il s'agit de réaliser une empreinte à chaud par le transfert d'un film à l'aide d'un poinçon maintenu à haute température. Enfin, avec les dominos, un procédé basé sur le vieux principe de la machine à écrire peut être également employé.

Travail à domicile, finition des cubes puzzles - JEUJURA

Cubes de la ferme - JEUJURA

Dominos et films de marquage à chaud - ARTISABOIS JURA

Dés marqués à chaud en hêtre et en buis - Tournerie Michel CARRON

L'atelier paternel…

Lou et Câlin se trouvent devant l'atelier magasin Charliluce. Ils hésitent à entrer. L'émotion est vive. C'est ici qu'ils sont nés. Le petit garçon de bois prend finalement la main de sa sœur, respire un grand coup, demande mentalement à ses jambes de cesser de trembler et pousse la lourde porte de l'entrée. Ils sont dans la partie boutique du bâtiment. Ici ce sont des centaines de jouets qui font office de décor, même le plafond à la charpente de bois accueille une kyrielle de marionnettes suspendues à leurs fils. Au fond de la pièce, une belle vitrine attire l'attention de Lou et Câlin. Elle est habitée par une cinquantaine de poupées leurs ressemblant beaucoup.

– Que pouvons-nous faire pour vous nobles visiteurs ? interroge un clown aux cheveux aussi rouges que son nez rond. À voir son large sourire, il paraît visiblement amusé par la surprise qu'il vient de créer en apparaissant soudainement derrière nos amis.

– Mais je vous reconnais, vous êtes Lou et Câlin. Vous avez été achetés par la maman d'un petit garçon il y a presque deux ans… Attendez que je me souvienne, je crois qu'il s'appelait Tom. Oui, c'est bien ça, mais que faites-vous ici ?

"Sylvio" - CHARLILUCE

Lou et câlin ont bien du mal à comprendre ce qui se passe. Ils ne s'attendaient pas à rencontrer quelqu'un qui les connaisse, d'autant qu'eux n'ont aucun souvenir de ce lieu ni de cet étrange clown farceur. Devant leur air ahuri, celui-ci se souvient soudain que les jouets oublient tout de leurs origines dès qu'ils sont adoptés par un enfant. Cela le rend encore plus perplexe : comment ces deux poupées ont-elles fait pour arriver jusqu'ici et surtout pourquoi ? Envahie par la curiosité, la marionnette au nez rouge veut tout connaître de leur aventure...
– Malheureusement, vous ne pourrez pas lui parler, assure le clownesque pantin, après avoir appris pourquoi Lou et Câlin étaient venus ici.
– D'ailleurs, il ne vous serait d'aucun secours : les hommes quand ils deviennent adultes oublient que la magie existe. Ils ne croient plus en l'étincelle de vie qui fait battre nos cœurs de bois.
Tout en parlant le clown invite nos jeunes amis à passer dans la pièce d'à côté.
– Regardez dans l'atelier, au fond, c'est lui. C'est Dominique, notre Gepetto à tous, celui qui de ses mains d'artiste vous a donné la vie.
Lou et Câlin regardent dans la direction indiquée par la marionnette de bois. Au premier plan, ils découvrent, reposant sur une grande table, un vaste ensemble hétéroclite de têtes, de cheveux, de laines multicolores, de bras, de jambes et de souliers en hêtre teinté.

Atelier de confection - CHARLILUCE

"Bloopy" - CHARLILUCE

"Ce sont toutes des poupées en attente d'assemblage..."

"Maud" - CHARLILUCE

– Ce sont toutes des poupées en attente d'assemblage, explique le clown. Notre père a choisi l'aulne pour les bras et les pieds car c'est un bois léger. Pour le visage, c'est l'épicéa qui a retenu son attention, parce qu'il est très joliment veiné. Les pièces qui donnent le plus bel aspect sont celles qui ont des veines assez serrées. Elles proviennent de bois qui ont poussé lentement. Quand elles seront enfin montées et habillées, Dominique leur donnera alors à chacune un charmant prénom.
Nos héros regardent maintenant l'homme qui les a créés. Il travaille sur son tour. Il s'applique à donner forme à un morceau de tilleul qui fera, à n'en point douter, une très belle marionnette sculptée. Tout deux sont très émus, tiraillés entre la joie de le voir et la peine de ne pas pouvoir lui parler.
– Si nous ne pouvons pas discuter avec notre père, qui pourra nous aider à retrouver Tom ? Où chercher ? Y a-t-il seulement encore un espoir ? se lamente Lou, submergée par des sentiments contradictoires.
– Ne perds pas confiance Lou, il reste quelqu'un. C'est un magicien. Il a de grands pouvoirs, il saura vous aider, c'est certain, annonce leur frère clown. Cet enchanteur contrôle un territoire invisible aux yeux des hommes, là-haut dans la montagne. Je vais vous indiquer le chemin à suivre. Mais attention, une fois en sa présence, restez toujours sur vos gardes car le personnage est fourbe, machiavélique et même un peu fou...

"C'est Dominique, notre Gepetto à tous..."

Quilles "Marins" - MUSÉE DU JOUET

Les Quilles

Les plus anciens témoignages de quilles remontent à l'Égypte ancienne. En France, elles apparaissent au XIIe siècle. À l'époque, les joueurs utilisent un long bâton pour faire tomber les quilles. Plus tard, avec le Roi-Soleil, c'est un disque en bois dur qui permet de les abattre. Martin Luther, l'initiateur du protestantisme, donne au jeu un but pieux, accablant chaque quille d'un péché. Il suffit alors de les faire choir pour voir fuir l'esprit du vilain. En Allemagne et aux Pays-Bas, les premières boules pourvues de cavités pour les doigts apparaissent au XVIIIe siècle.

Il est dit que Mozart, grand amateur du jeu, improvisa, au cours d'une partie entre amis, le trio Les Quilles pour piano, clarinette et alto.

Certains villages du Jura possèdent encore aujourd'hui leur quillier, plaque de ciment sur laquelle sont disposées neufs grandes quilles de 80 centimètres de hauteur en bois tourné.

Les Boules

Passant d'Égypte en Grèce, le jeu de boules aurait été introduit en Gaule par les Romains.
Les boules ont d'abord été en argile, en pierre, puis en bois et enfin en acier.
À la Renaissance, la noblesse s'empare du jeu qui connaît alors un véritable âge d'or. Pour des raisons obscures, le jeu de boules est interdit au peuple de 1629 à la Révolution.
C'est en 1850 qu'il est élevé au rang de sport avec la création à Lyon de la première société officielle : le Clos Jouve.
Dans le Sud, il est connu sous le nom de pétanque qui, en provençal, signifie pieds tanqués et indique la position du tireur au moment de lancer sa boule.

Collection privée

DE L'ART DE FAIRE DU PLAT

À l'ère des premiers tourneurs, les jouets en bois sont assez simples et façonnés en une seule fois. Avec le temps, ils se font plus compliqués et se composent de nombreux morceaux que l'on doit assembler. Les années 1930 marquent l'arrivée des gros jouets, dits complexes, et avec eux, c'est la tabletterie qui entre en scène. Seule ou associée à la tournerie, elle offre à l'industrie du jouet en bois jurassien son passeport pour le XXe siècle.

Un des premiers jouets à symboliser cette alliance est très certainement le classique camion de pompiers laqué rouge et ses 8 ou 9 soldats du feu. Ces derniers constituant un jeu de quilles en bois tourné, tandis que le véhicule est issu de planches chantournées, c'est-à-dire découpées à la scie à ruban.

Côté machines, le monde de la tabletterie est plus prolifique que celui de la tournerie. Bienvenu donc aux scies à ruban, aux scies circulaires avec ou sans guide laser et logiciel d'optimisation de coupe, aux dégauchisseuses, aux raboteuses, aux défonceuses, aux déligneuses qui transforment les planches de bois brut en carrelets, ou encore aux machines 4 faces.

Monneret (Lons-le-Saunier) vers 1935 - Collection privée

Côtés de coffrets avec un usinage à queue droite - BAILLY-JULLIARD

Assemblage des coffrets de jeux - MAROTTE

Dépoussiérage et polissage - MAROTTE

Coffrets sapin - ARTISABOIS JURA

Ces mécaniques ont une répercussion directe sur la conception et la forme du jouet en bois. Fort de ces nouveaux atouts, celui-ci évolue vite. Il s'adjoint de nouvelles matières : métal, bakélite et même plastique. Le jouet devient jeux et explore de nouveaux mondes ludiques : chalet de construction, coffret de jeux de société, puzzle, domino, casse-tête...

Dans la réalisation de tous ces objets, une fois encore l'industrie cohabite avec l'artisanat. D'un côté les morceaux d'un célèbre chalet suisse, créé en 1941, naissent de simples planches en bois, par le truchement de machines assistées par ordinateur. Celles-ci ont en mémoire l'ensemble des cotes de chacune des pièces du jeu de construction et permettent de réduire au maximum les passes nécessaires à sa réalisation.

Raboteuse moulière numérique - JEUJURA

Dédoubleuse permettant le délignage - JEUJURA

Pièces de chalets de construction - JEUJURA

Arcs - SASSARD

De l'autre, dans un petit atelier où le bricolage et les astuces sont la règle, où les tables de nuit et les crics se muent en presse, de magnifiques chevaux à bascule prennent vie. Ici, pas d'informatique, la scie à ruban suit les gabarits de carton et découpe dans le hêtre les pattes, le corps et la tête de l'animal de bois.

Il en va de même pour ces arcs teintés de vives couleurs, qui résultent du savant assemblage à la main de quatre baguettes de tailles décroissantes. De la plus grande à la plus petite, façon poupées gigognes, celles-ci sont posées les unes sur les autres et maintenues solidaires en leur centre par un rectangle de cuir agrafé dans le bois. Il ne reste plus qu'à tendre une corde aux deux extrémités et y ajouter quelques flèches de bois rouges, pour avoir entre les mains l'arme du parfait petit indien.

Atelier d'assemblage - Boissellerie BONAITÏ

La valeur des choses…

Lou et Câlin marchent déjà depuis dix bonnes minutes en direction de la montagne, suivant le sentier que leur a indiqué le clown de chez Charliluce.
Pris par leurs pensées, ils ne font pas attention aux feuilles qui s'agitent dans le fourré, juste à quelques pas devant eux. Quand tout à coup, un long râteau émerge du buisson, suivi de peu par sa propriétaire, une jolie poupée de bois aux cheveux roux.
Puis c'est un curieux champignon jaune, pourvu d'un chapeau rouge à pois blancs, qui fait son apparition. Arrive ensuite une grenouille verte coiffée d'un bonnet de marin. Arborant le même couvre-chef, un poisson rouge et sa bouée entrent en scène. Sa démarche est gauche et il semble quelque peu nauséeux… Enfin, un ours habillé d'un pull bleu et d'une écharpe de feutrine rouge, ainsi qu'une belle pomme voyageant avec son ver, ferment la marche.
– Bonjour jeunes voyageurs. Je suis Fanette et eux, ce sont mes amis les tirelires de bois. Où allez-vous d'un si bon pied ?
– Nous cherchons le pays du magicien, répondent de concert Lou et Câlin, quelque peu amusés par l'arrivée inattendue de ce joli petit monde.
– Vous ne le trouverez jamais seuls, car ce royaume n'a pas d'entrée. En revanche, pour moi la chose est plus facile, car je suis une fée. J'ai un râteau magique, il peut ouvrir des passages même là où il n'y a pas de porte.
– Génial ! s'écrie aussitôt Lou, ravie que le hasard ait mis sur leur chemin cette gentille fée et ses drôles d'amis.

"Bonjour jeunes voyageurs, je suis Fanette..."

Tirelire champignon - JANOD

Tirelire grenouille - JANOD

Tirelire ours - JANOD

Tirelire pomme et son ver - DALLOZ

Tirelire poisson - DALLOZ

– Malheureusement, mes compagnons et moi n'allons pas dans la direction de la demeure du Magicien fou. Mon ami Glou-Glou le poisson rouge est très malade. Son ventre est vide. Seule l'ingestion, dans les plus brefs délais, d'une chose de grande valeur pourra le guérir. Or, il n'y a rien dans cette montagne de suffisamment rare ou cher pour qu'une tirelire ait plaisir à le conserver. C'est pourquoi, nous devons nous rendre très vite en ville. Je ne peux pas prendre le risque de faire un détour pour vous aider.
Alors que Câlin semble visiblement abattu par cette triste nouvelle, Lou, quant à elle, est toute sourire.
– Câlin, te souviens-tu du cadeau des trois brebis Dolly ? N'ont-elles pas dit que c'était un objet de valeur ? demande Lou à son frère qui aussitôt retrouve sa bonne humeur.
– Petite sœur, tu es géniale ! lance Câlin en sortant le domino de sa poche.
– Qu'en pensez-vous Fanette, est-ce que ça peut suffire à soigner Glou-Glou ?
– Laissez-moi voir... Mais, mais c'est un Vilac signé de l'artiste Keith Haring, si je m'attendais... bégaye Fanette. Avec un tel objet, pas de problème, Glou-Glou sera de suite sur pied.
Fanette glisse le domino dans la fente de la tirelire poisson qui retrouve aussitôt un beau teint rouge vif. Une fleur entre les dents, le champignon s'approche des deux poupées. Il dénude sa tête de son chapeau à pois et livre à nos héros un de ses précieux trésors.
– Ce petit rectangle de bois vert pourra un jour vous être très utile, croyez moi. Prenez-le, c'est pour vous remercier d'avoir sauvé Glou-Glou.
Bien que circonspect quant à l'utilité d'un tel objet, Câlin accepte volontiers le cadeau, souhaitant avant tout ne blesser personne.
Toute la troupe se met alors en route en direction du mystérieux domaine de l'enchanteur fou. Arrivée au sommet de la montagne, Fanette marque une pose. Elle semble plongée dans une profonde méditation. Brusquement, elle entame une danse frénétique qui fait s'envoler son amusant tablier aux motifs fleuris, dévoilant du même coup, les carreaux rose et blanc d'une charmante robe Vichy. Tout en tournant, elle égrène une litanie magique qui la fait entrer en transe, libérant ses cheveux de leur unique natte. À quelques pas d'elle, une souche d'arbre sort lentement de terre. La jeune fée s'empare alors de son râteau et enfonce ses six dents de bois dans la ligne de trous présente sur le tronc tout juste déterré. Un inquiétant mécanisme d'engrenages souterrains se fait entendre. Surgissant de nulle part, une immense porte noire apparaît...

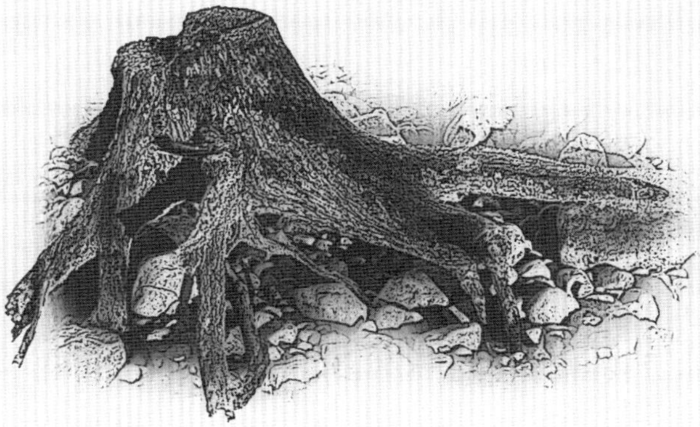

France vers 1960 - MUSÉE DU JOUET

Les Petits Chevaux

Né en Inde, le pachisi est sans conteste l'ancêtre d'un bon nombre de jeux ayant en commun un plateau en forme de croix. Il aurait été introduit aux États-Unis au milieu du XIXe siècle. Là-bas, il prend le nom de parcheesi.
À la même époque apparaît en Grande-Bretagne le ludo qui s'inspire des deux jeux précédents. En digne héritier, les petits chevaux arrivent en France vers 1930.

Il s'agit là encore d'une variante des jeux pratiqués aux États-Unis et en Europe à la Belle Époque, comme le "t'en fais pas" d'origine allemande, le jeu de l'Eden ou encore la course aux couleurs. Les dadas se différencient de ses prédécesseurs notamment par l'utilisation de pions-chevaux et la numérotation des cases des quatre rangées conduisant les pions vers le centre.

Les Dés

Les dés tirent vraisemblablement leur origine des os de chevilles d'animaux tels que ceux du bœuf. Il est bien difficile de déterminer avec précision l'apparition des dés et leur distinction des osselets, les écrivains antiques semblant confondre les deux jeux. Il est certain en revanche qu'ils datent des temps préhistoriques. Leur présence dans des tombes anciennes de la vallée de l'Indus tend à indiquer une origine asiatique.
Les archéologues en ont également retrouvés dans des sépultures royales sumériennes vieilles de 5000 ans, à Ur, dans l'Irak actuel. Les jeux de dés furent très populaires à Rome. Jules César lui-même s'en remet au résultat d'un lancer de dés lorsqu'il prend la décision de franchir le Rubicon, prononçant alors le fameux "alea jacta est" : "le sort en est jeté".
La Tournerie Michel Carron, installée à Villards d'Héria dans le Jura, fabrique des dés en buis au toucher unique et d'une finesse comparable à celle de l'ivoire.

Icosaèdre et dodécaèdres, reproduction des pièces exposées au Musée du Louvre
MUSÉE DU JOUET

DES ATELIERS AUX MAINS DES ENFANTS

Au Moyen Âge, les premiers jouets sont essentiellement distribués sur les lieux de pèlerinage. Outre les objets de piété, les moines produisent des toupies, sifflets et crécelles afin de tromper l'ennui des enfants des pèlerins.
Plus tard, ces jouets sont diffusés par des colporteurs. Jouant les crieurs de rue, ils arpentent les villes leur trésor sur le dos, tels des Pères Noël. Ils exercent également leur talent dans les échoppes de merciers ou sur les foires. En France, les plus célèbres sont celles de Saint-Germain et de Saint-Laurent, qui se tenaient toutes deux à Paris.
Au début du XIXe siècle, le bimbelotier succède au mercier du Moyen Âge. On voit apparaître chez ces marchands des rayons entiers consacrés aux jouets. Ils proposent des poupées articulées en bois, des animaux, des voitures diverses ainsi que des jeux d'adresse... C'est également au XIXe siècle que naissent les premiers magasins spécialisés. Le Paradis des Enfants, implanté rue de Rivoli à Paris, ouvre en 1867. À partir de 1880, il faut aussi compter avec les grands magasins de la capitale, comme Le Bon Marché, La Samaritaine, Le Printemps ou les Galeries Lafayette. Ceux-ci sont d'autant plus appréciés par les clients qu'ils publient déjà des catalogues de jouets ! Avec la publicité, le jouet devient au XXe siècle objet de consommation courante.

Boissellerie du Hérisson

Boissellerie du Hérisson

Dans le Jura, les sociétés de jouets en bois sont toutes les héritières d'un passé de tournerie modeste et discret. Rares sont les entreprises de grande taille. Le jouet en bois, c'est d'abord le propre de petite structure où ne travaillent que quelques personnes. Les artisans tourneurs le sont de père en fils. Il n'est pas rare que l'adresse de leur atelier se confonde avec celle de leur résidence. La publicité et la distribution ne sont pas leur fort. Leurs produits ne bénéficient pas d'un emballage adapté à une vente dans les magasins spécialisés en jouets. La commercialisation, forcément limitée, se fait essentiellement grâce à des distributeurs qui vendent à des boutiques entièrement vouées à l'objet en bois, comme La Paillotte à Besançon ou encore la Boissellerie du Hérisson, située en haut des cascades éponymes. Cependant, dans la deuxième moitié du XXe siècle, un tournant s'opère au cœur de certaines entreprises jurassienne.

"La caverne d'Ali-Baba..." - Boissellerie du Hérisson

La maison Lorge à Vouglans, la société Vilac de Moirans-en-Montagne, l'entreprise Liégeon à Saint-Germain-en-Montagne ou encore Janod à Orgelet, vont rapidement intégrer les principales règles de l'industrie moderne. C'est alors la création de véritables marques pour aider à la commercialisation : Lorge est rebaptisé L'Arbre à Jouer en 1978 et Liégeon

"*La Boutique de Pinocchio...*" - JANOD

Ce livret, édité en partenariat avec le Comité Départemental du Tourisme, présente et accompagne chaque jouet traditionnel du Jura distribué par JANOD.

Poupée "*Bécassine*" articulée en bois - VILAC

devient Jeujura en 1972. Les bureaux de design voient le jour et avec eux apparaissent de nouveaux logos. Nés de l'imagination débridée des infographistes, des emballages aux formes originales traduisent l'esprit des marques et permettent au jouet en bois d'entrer enfin dans les magasins spécialisés comme JouéClub ou Joupi... Humour et fantaisie ne sont jamais absents de ces drôles de paquets. Ainsi peut-on lire "Ne pas jeter de cacahuètes !" sur la boîte en forme de cage de Paf la girafe, un jouet à tirer signé Vilac. Ce dernier ajoute même pour chacun de ses jouets phare un certificat de naissance, gage de qualité et d'authenticité. Les années 1980 marque l'arrivée des licences. Vilac opte pour des personnages intemporels qui n'ont que faire des modes : Mickey, Bécassine, Tintin, Oui-Oui, Babar, Petit Ours Brun ou encore le Petit Prince... Ces grands du jouet en bois jurassien éditent de vrais catalogues pour présenter leurs collections et misent également sans complexe sur l'export. Vilac possède même ses propres magasins de vente directe aux États-Unis et au Japon.

"*Le Renard du Petit Prince*" - VILAC

Un monde de jeux...

Haute de plus de trois mètres, tout en wenge, un bois africain sombre et dense, cette mystérieuse porte ne possède aucun trou de serrure. Des gonds en revanche, mais qui ne s'articulent sur rien... Ou plutôt sur quelque montant invisible entre le monde de nos aventuriers et celui du magicien.
Écrits en lettres blanches, à un mètre au-dessus de la poignée, deux mots : "Le Fou".
Intrigués par un tel prodige, Lou et Câlin s'approchent, puis hésitent, s'interrogeant sur ce qui peut bien les attendre de l'autre côté...
– Et puis zut ! s'écrie Câlin. On n'a pas le choix. Nous n'avons pas fait tout ce chemin pour nous arrêter devant une simple porte.
Sur ces bonnes paroles, il fait la courte échelle à sa sœur. Celle-ci peut alors tourner la poignée de porte en bois rouge. Cette dernière s'ouvrant vers l'intérieur, nos deux amis basculent sans élégance de l'autre côté.
Tout en se relevant, ils constatent avec effroi que la porte a disparu. Il n'est donc plus question de faire machine arrière... Le monde du Magicien fou est décidément étonnant.
Ici point de terre ni de grandes herbes, mais plutôt un parterre de plateaux de jeux qui s'étend à l'infini. Jeux de dames, échecs, petits chevaux, jeu de l'oie, nain jaune, il y en a vraiment pour tous les goûts.

Pions d'échecs n°5 - Tournerie Michel ROZ

"Ici point de terre ni de grandes herbes, mais plutôt un parterre de plateaux de jeux..."

Nain Jaune - JANOD

Yoyos coccinelles - DALLOZ

Alors que Lou et Câlin avancent prudemment dans cet univers ludique, deux coccinelles yoyos se portent à leur rencontre. Les deux insectes rouges à gros points noirs glissent le long d'un fil interminable, dont une des extrémités semble accrochée aux nuages. Tous deux ne tombent cependant pas à la même vitesse.
– Bonjour visiteurs de l'autre monde, dit la première petite bête arrivée à leur niveau.
– Bonjour ! répondent en chœur les deux poupées surprises de voir la coccinelle aussitôt remonter vers le ciel.
– Bonjour jeunes inconnus, lance à son tour le second animal qui, irrésistiblement attiré vers les hauteurs, ne laisse pas le temps à Lou et Câlin de lui répondre.
– Je m'appelle Cox et vous ? confie la coccinelle du début, maintenant redescendue.
– Vous n'êtes pas bien polis étrangers ! déclare le deuxième animal qui a repris la place de son complice avant que nos amis se soient présentés à lui...
Cet ubuesque manège aurait sans doute duré encore de longues heures si nos héros, lassés de ce dialogue de sourds, ne s'étaient pas décidés à reprendre leur chemin. S'enfuir ainsi, c'est sûr, c'est plutôt grossier, se disent-ils. Mais tout de même, quelle façon peu commode de discuter...

Toupies personnages - FOULON

tournerie
Michel CARRON

Progressant toujours plus avant dans ce monde énigmatique, nos deux aventuriers franchissent sans grande difficulté différents plateaux de jeux de société, avant que leurs pas ne les entraînent vers un jeu de l'oie aux dimensions extravagantes.
Sur le bord du plateau deux jars en bois semblent les attendre. L'un est rouge vif, l'autre jaune clair, tous deux sont suffisament grands pour être chevauchés. À leur cou pend une petite pancarte sur laquelle on peut lire "Montez-moi !" Bien que très intrigués, Lou et Câlin décident d'obéir à cette cocasse injonction.
À peine se sont-ils installés sur le dos des deux créatures qu'une paire de dés surgit du néant et roule jusqu'à eux. Ils s'arrêtent sur les nombres trois et un, marqués à l'encre noire.
Les deux oies avancent alors de quatre cases. Les dés se remettent aussitôt en mouvement. Résultat : un cinq et un deux écrit cette fois en rouge. À la grande surprise de Lou et Câlin, les oiseaux n'ont pas l'air de vouloir bouger. Après avoir tout tenté pour déplacer ces butés volatiles, de guerre lasse, ils choisissent de quitter leur monture et de continuer à pied.
Surgissant des quatre coins du jeu, d'imposantes toupies décorées à la manière des matriochkas, tourbillonnent à vive allure en direction de nos deux poupées. Affolées, elles se retrouvent bien vite acculées jusqu'à la case prison. Celle-ci se dérobe alors sous leurs pieds, les entraînant vers les profondeurs, dans le monde obscur des briseurs de cerveaux.
– Vous n'avez pas respecté les règles : quand les dés s'affichent en rouge il est interdit d'avancer, dénonce d'une voix autoritaire une toupie noire à l'accent londonien.
Il s'agit d'un policier chargé du bon respect des règles de tous les jeux. Colérique, il ne supporte pas qu'on lui oppose un refus. Pour une toupie, il ne tourne plus très rond.
– Nous ne l'avons pas fait exprès, nous ne savions pas..., bredouillent ensemble Lou et Câlin tout juste remis de leur chute.
– Et pourtant, nul n'est censé ignorer nos lois... Voulez-vous une tasse de thé ?
– Non merci, nous aimerions juste voir le magicien.
– Vous refusez ! Mais c'est de l'insubordination, une insulte à fonctionnaire dans l'exercice de ses fonctions. Au cachot ! Tous les deux ! Au cachot ! ordonne l'irascible représentant de l'étiquette.
Aussitôt dit aussitôt fait, voilà nos deux amis enfermés au cœur d'un casse-tête géant...

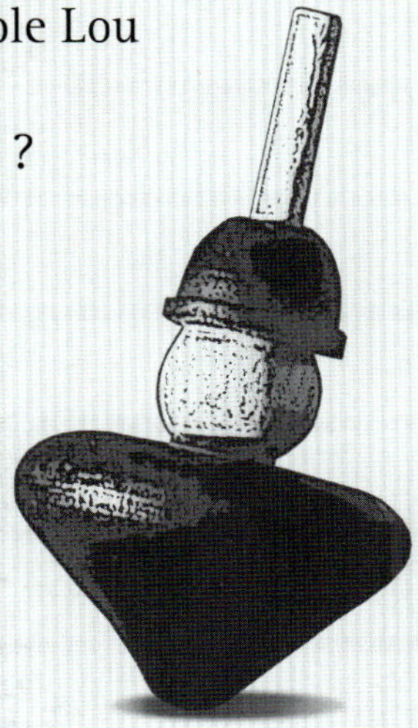

France vers 1950 - MUSÉE DU JOUET

Les Dames

Il semble que le jeu de dames prenne naissance en Espagne. Il comprend alors 64 cases. Ses règles sont imprimées à Valence en 1547.
Vers 1725, un étranger surnommé le Polonais lance à Paris une variante avec le damier de 100 cases, tel que nous le connaissons aujourd'hui.
Des formes primitives de l'actuel jeu, avec la règle de capture par saut du pion, existaient déjà il y a 40 siècles. Des pions de jeu de dames ont été retrouvés dans des tombeaux égyptiens. Les Grecs y jouaient au Ve siècle avant Jésus-Christ en l'appelant jeu des 5 lignes. Plusieurs miniatures médiévales représentent des joueurs en pleine partie de dames.
L'écrivain Edgar Allan Poe le considérait comme le roi des jeux.

Le Jeu de l'Oie

Ce jeu est un des plus anciens jeux de société. Les Grecs y jouaient déjà, ainsi que les Aztèques.
On peut dire que du Jeu de l'Oie dérivent de nombreux jeux de parcours comme le Jacquet ou les Petits Chevaux. En Europe, il est mentionné pour la première fois à la cour des Médicis à Florence, vers 1580. On parle alors du "noble jeu renouvelé des Grecs". Il arrive certainement en France par les anciens colporteurs des premières bibles imprimées. Sans doute est-il une adaptation sur plateau de la marelle.
Le Jeu de l'Oie connaît ses heures de gloire aux XVIIIe et XIXe siècles. Louis XIV y joue enfant.
Mme De Sévigné en parle à sa fille et Napoléon lui même ne le dédaigne pas. Le jeu a maintes fois été utilisé comme outil de propagande, un parcours sur le thème de l'affaire Dreyfus fut notamment réalisé.

France vers 1950 - MUSÉE DU JOUET

Prisonniers...

L'édifice se compose d'une centaine de boules de bois reliées entre elles par de courtes tiges rondes. Faites d'essences exotiques, les sphères sont riches en couleurs : il y a le rouge du padouk, le noir du wenge, le jaune du difou, le violet de l'amarante guyanaise, ou encore le beige clair de l'érable sycomore. Lou se souvient que dans tout casse-tête, il existe une pièce différente des autres. Unique, elle permet d'un seul geste de démonter toute la construction. Sans perdre un instant, elle se met à sa recherche, invitant son frère à l'imiter.

Exaspéré par vingt minutes passées à triturer sans résultat chaque pièce de ce puzzle géant, Câlin décide tout bonnement de foncer dans le tas, pensant faire sauter les montants de bois.

– Vous n'arriverez à rien de cette façon, le bois exotique c'est du solide !

Cette voix inconnue qui vient de les apostropher, conduit Lou et Câlin à regarder autour d'eux pour la première fois depuis leur incarcération. Ce qu'ils découvrent a de quoi les affoler.

Le casse-tête infernal qui les retient prisonniers n'est pas la seule cage que contient la pièce, aux dimensions titanesques, dans laquelle ils ont été si injustement précipités. Des milliers d'autres cellules briseuses de cerveaux tapissent cet univers carcéral.

– Sans un coup de main, vous n'êtes pas prêts de sortir d'ici, foi de petits chevaux. L'inventeur de ces prisons diaboliques, c'est Raymond Dalloz. Cela fait plus de quarante ans qu'il invente et assemble toujours plus de nouveaux modèles. Il s'y connaît, c'est le numéro un en Europe pour la fabrication de casse-tête et il a déjà plus de deux cents pièces différentes à son actif.

Tangram - DALLOZ

Pyramide - DALLOZ

Cristal 99 pièces - DALLOZ

"L'édifice se compose d'une centaine de boules de bois reliées entre elles par de courtes tiges rondes..."

Anticube - DALLOZ

Pyramide - DALLOZ

Celui qui s'adresse ainsi pour la seconde fois à nos amis est un petit pion de bois vert appartenant à un jeu de petits chevaux. Enfermé juste à côté de Lou et Câlin, il se débat au milieu d'une imposante boule formée de trente billes de bois multicolores et de soixante bâtons de couleur claire.

– Je suis séquestré dans ce piège depuis déjà deux semaines. Mon crime, avoir voulu quitter mon plateau de jeu pour celui plus glorieux d'un bel échiquier et ainsi prendre la place du cavalier. Ici les règles, ce sont les règles. Rêver d'autre chose, c'est interdit...
Mais vous n'êtes pas de ce monde, vous ne devriez pas être ainsi prisonniers...
Je peux vous aider. J'étais là quand ils ont installé le casse-tête.

Boules tangentes - DALLOZ

C'est le bâton à côté de l'unique boule orange qu'il faut déplacer.
Suivant les conseils avisés de leur sauveur, Lou retire la fameuse clé du barbare édifice.
Instantanément, leur cage de bois s'écroule comme un vulgaire château de cartes.
Autre effet immédiat, mais moins réjouissant : une alarme assourdissante se déclenche.
Point positif, le Magicien fou se tient maintenant en personne devant eux...

"Le Magicien Fou..."

Collection privée

Les Echecs

Il est difficile de dater précisément l'apparition, trop lointaine, du jeu d'échecs. En revanche, il naît très certainement en Inde. Une légende raconte qu'il fut inventé par un brahmane nommé Sessa, vivant 3000 ans avant notre ère, afin de tromper l'ennui de son souverain. Une autre fable situe l'apparition du jeu durant la Guerre de Troie. Le héros grec Palamède l'aurait créé pour remonter le moral des troupes durant le siège de la cité en 1240 avant J.-C. Les échecs serait un mélange entre le jeu du Chaturanga (jeu indien de hasard et de guerre) et le jeu de la Petteia (jeu grec de logique et de stratégie). En Perse aux alentours de l'an 600 les échecs sont appelés chatrang. Lorsque les Arabes envahissent ce pays, ils adoptent le jeu sous le nom de shatranj. L'arrivée en Europe se fait par l'Espagne aux alentours de l'an mil. Les championnats d'échecs existent depuis 1924. C'est le jeu national de la Russie.

Le Casse-Tête

Les origines du premier casse-tête se perdent dans l'antiquité. Léonard de Vinci est l'auteur de bon nombre de casse-tête mathématiques et géométriques. Pendant des siècles, du temps du compagnonnage, les apprentis charpentiers ou ébénistes en réalisent, afin d'appréhender l'art de l'assemblage et comprendre l'utilité des tenons et mortaises.
Le casse-tête conventionnel a été breveté en 1767 comme jouet éducatif par le Britannique John Spilsbury.
En France, le mot apparaît pour la première fois en 1829 dans le sens de jeu.
Dans les année 1980, le célèbre Rubik's cube et ses 27 petits carrés de couleurs vives déchaîne les passions.
Avec une gamme de plus de 200 modèles différents, la société jurassienne Dalloz est devenue numéro un européen dans leur fabrication.
Cette entreprise familiale produit des pièces en bois exotique de toute beauté.

30 pièces hexagonales 1980 - DALLOZ

Le chalet des retrouvailles...

Qui est le responsable de ce vacarme ?... Est-ce vous qui osez ainsi me déranger ? hurle le redoutable mage en direction des deux bambins de bois qu'il vient tout juste d'apercevoir.

– Nous ne voulions importuner personne, nous souhaitons juste rencontrer l'enchanteur pour lui demander son aide, révèle Lou, visiblement impressionnée par l'imposant personnage qui vient d'apparaître.

– Je suis celui que vous cherchez, tonne le maître des lieux.

Il porte une étincelante cape azur parsemée d'une infinité d'étoiles jaunes. Sur sa tête trône un majestueux chapeau pointu bleu nuit.

– On m'appelle le Magicien fou. Toutefois ne vous méprenez pas, je n'ai pas perdu la raison. Mon nom me vient de mon ancien travail. C'était sur un échiquier, et sans mauvais jeu de mots, on peut dire qu'à l'époque je ne connaissais pas l'échec. Mais à toujours me déplacer en diagonale, j'ai fini par tout faire de travers. Un jour, ça a mal tourné. J'ai sauté sur la reine pour lui arracher sa maudite couronne en buis. Le roi était mat, j'ai dû prendre la tangente... Je parle, je parle, mais vous avez dit avoir besoin de moi. Que puis-je faire ?

Les deux enfants de Charliluce expliquent en détail à la bavarde pièce d'échec, pourquoi ils ont entrepris un si long voyage. Du haut de son un mètre, l'illusionniste semble prendre tout son temps pour répondre. Quand brusquement, il sort de sa léthargie et prononce d'obscures formules magiques. Le silence revenu, tous les casse-tête ont disparu et trois maisons aux styles bien différents font face à nos intrépides poupées.

– Voici ma proposition : vous avez le choix entre ces trois chalets. Ils sont tous issus de jeux de construction en bois auxquels j'ai ajouté ma puissante magie. Une seule de ces bâtisses vous transportera là où se trouve votre ami Tom, les deux autres vous ramèneront ici. Vous n'avez droit qu'à un seul essai. Si vous échouez vous resterez à jamais à mon service. À vous maintenant de franchir la bonne porte ! déclare le fourbe magicien en laissant échapper un long rire sarcastique.

"Chalet Far West" - JEUJURA

"Chalet Suisse" - JEUJURA

"Maison forestière" - JEUJURA

"Celui-ci se tient en face d'eux..."

Pour Lou et Câlin, le moment est crucial, ils doivent choisir entre la porte des retrouvailles ou celles de l'esclavage. Ils observent chaque construction à la recherche du moindre indice susceptible de les aider. La première est un ranch du Far West, au bois clair pourvu de tuiles et de volets bleu turquoise. La deuxième est un chalet suisse au bois teinté. Sa toiture est verte et les volets rouges. Enfin la dernière construction est une maison de rondins en bois naturel, aux fenêtres orange. Câlin se rappelle soudain du rectangle de bois offert par le champignon tirelire : et si c'était une tuile ! Il sort l'objet de sa poche : il est vert. Décidant de faire confiance à son instinct, il s'empare de la main de sa sœur, ne lui donne aucune explication et fonce en direction du chalet suisse. Les cris de colère poussés par le Magicien fou au moment où la porte se referme sur eux le confortent dans l'idée qu'il a fait le bon choix.
À l'intérieur, un violent tourbillon s'empresse de les emporter. Ils perdent alors conscience.

À leur réveil, ils sont au pied d'un sapin magnifiquement décoré. Lou et Câlin ont atterri chez les grands-parents de Tom. C'est la première année que le garçon fête Noël loin de chez lui. Celui-ci se tient en face d'eux, un sourire jusqu'aux oreilles. Tout semble être rentré dans l'ordre. Nos deux poupées auraient-elles rêvé cette belle aventure ? Câlin sent quelque chose logé au creux de sa main. Ses yeux pétillent, c'est une tuile de bois de couleur verte.

Fin

Les Amis de Tom

Éléna et Manon

Félicien

Hugo et Tom

Félicien et Margot

Manon, Iolène et Éléna

Mélissa

Manon

Le Clown d'Idéklic - Festival international pour l'enfant de Moirans-en-Montagne

REMERCIEMENTS

ARTISABOIS JURA
Thoiria
Paul Guyenet
et sa fille Carole

BAILLY-JULLARD
Montmorot
Éric Bailly
et ses parents

La boissellerie
du HÉRISSON
Le Frasnois
Les Rousses
Michel Négrello

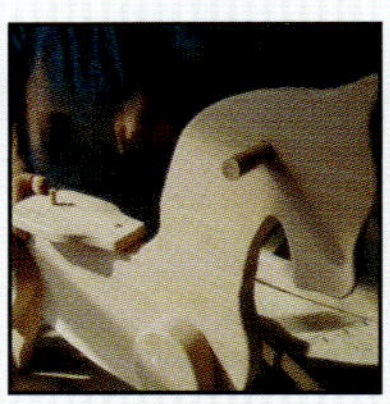

Boissellerie
BONAITÏ
Pagnoz
Dominique et
Jean-François Bonaitï

Tournerie
Roland BUFFAUT
Maisod
Roland Buffaut

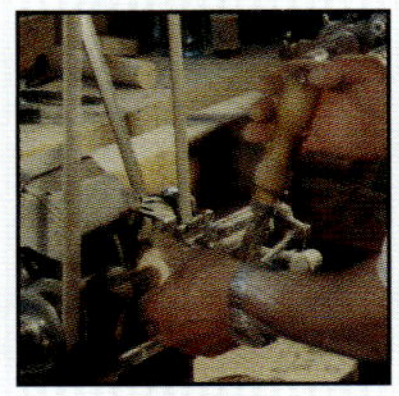

Tournerie
Michel CARRON
Villards d'Héria
Brigitte et Michel Carron

CHARLILUCE
Moirans-en-Montagne
Mireille et Dominique Retord

DALLOZ
Les Ronchaux
Monique et Raymond Dalloz
et leurs fils Richard et Philippe

FOULON
Charchilla
Raymond Foulon,
Michèle et Joël

JANOD
Orgelet
Pascal Bernard
et Gilles Delatre

REMERCIEMENTS

JEUJURA
Saint-Germain-en-Montagne
Madame Varacca et Monsieur Liegeon

Tournerie Bernard LORGE
Lect
Bernard Lorge

MAROTTE
Passenans
Pascal et Damien Marotte

Tournerie René MONNERET
Jeurre
Suzanne et René Monneret et leurs fils Jean-Yves et Michel

Tournerie Michel ROZ
Conliège
Brigitte Bruchon-Roz et Patrick Bruchon

SASSARD
Thoiria
Rémi Sassard

Tournerie Guy SEURRE
Moutonne
Martine et Guy Seurre et leur fils Didier

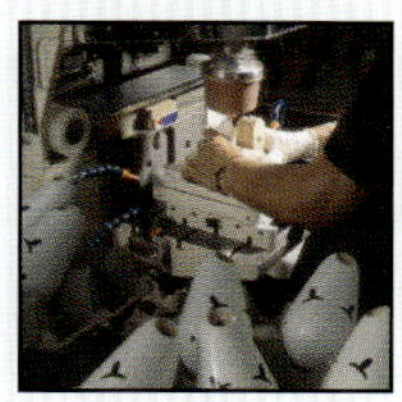

VILAC
Moirans-en-Montagne
Hervé Halgand et Emmanuel Gay

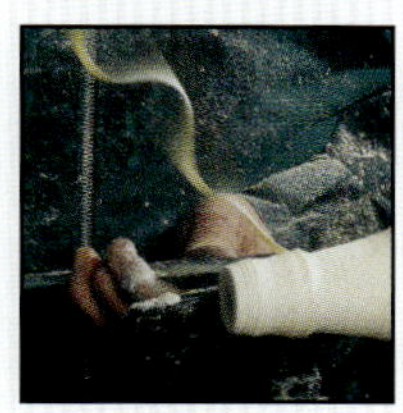

Tournerie d'art Bernard WILLMANN
Moirans-en-Montagne
Bernard Willman

REMERCIEMENTS

Le MUSÉE DU JOUET,
son Conservateur, Thierry HAAG
et toute son équipe pour leur gentillesse.

La ville de MOIRANS-EN-MONTAGNE

Le Sy.NTTAC
Syndicat National des Tourneurs et Tabletiers sur bois
Lons-le-Saunier

Toutes les autres personnes,
les enfants et leur famille
qui nous ont aidé à nous replonger
dans l'univers magique du jouet de bois.

Sans oublier les souscripteurs
qui nous ont accordé leur confiance.

Ouvrage publié avec le concours du Centre Régional du livre de Franche-Comté,
et de la Région Franche-Comté.

BIBLIOGRAPHIE

Comité Suisse Unicef, Zürich,
Nicolás Muñoz de la Mata
"Jeux du monde"
Éditions la Nacelle, 1996

Christine Armengaud
Améziane Yahia
"Jeux & Jouets retrouvés"
Éditions du Chêne, 1997

Hervé Baulard
"Gens du jouet"
Éditions Cêtre, 1993

Monica Burckhardt
Gilles de Fayet
"Le Jouet de Bois"
Éditions Fleurus, 1987

Christophe Picod
"Les tourneurs sur bois"
France Régions, 1991

Armand Spicher
Claude Le Pennec
"Le jouet Jurassien"
Armand Spicher, 1995

Paul Herman
"Le livre d'or des Jouets en bois"
Éditions Glénat, 1992

André Mercoiret
"Santé du Jouet en Bois Français"
Dossier de recherche, 1990

Impression et reliure : Loire Offset Plus – 42000 Saint-Étienne

Achevé d'imprimer sur les presses de Loire Offset Plus
42000 Saint-Étienne

Dépôt légal : Octobre 2007
ISBN 2-9522985-3-X